513

Alexandre Kojève

Zum Problem einer diskreten »Welt«

Herausgegeben und eingeführt von
Isabel Jacobs

Merve Verlag

Erstausgabe

Wir sind aufs Neue Nina Kousnetzoff zu großem Dank verpflichtet, die auch diese Publikation der Arbeiten von Alexandre Kojève vorbehaltlos unterstützt und ermöglicht hat.

Printed in Germany
Druck- und Bindearbeiten: Dressler, Berlin
Umschlagentwurf: Jochen Stankowski, Dresden
Redaktorat: Tom Lamberty
ISBN 978-3-96273-073-4
www.merve.de

INHALT

Das Bewegte bewegt sich weder in dem Raume, in dem es ist, noch in dem Raume, in dem es nicht ist.[1] Zenon von Elea

In dem gegenwärtigen Gehen auch ist nicht Gehen, weil getrennt von Gegangenem und noch nicht Gegangenem ein gegenwärtiges Gehen nicht existiert. Wie Flamme und Licht.[2] Nāgārjuna

Durch kein Reden kann man eine Sache anschaulicher machen als sie ist. Was Licht ist, »weiß« jeder Mensch, der nicht blind ist. A. Kojève

---

1 Wolfgang Röd, *Die Geschichte der Philosophie*, Band I, Die Philosophie der Antike 1, München 2009, S. 145.

2 *Die Mittlere Lehre (Mādhyamika-śāstra) des* Nāgārjuna, übers. v. Max Walleser, Heidelberg 1911, S. 15.

Wort und Welt: Kojève zur Bewegung

Isabel Jacobs

Der kaum 27-jährige Alexandre Kojève beginnt seine Abhandlung zur Physik mit einem Spaziergang des Diogenes. Nachdem Zenon von Elea seinen Beweis gegen die Möglichkeit der Bewegung vorgetragen hat, soll Diogenes, für Schamlosigkeit berüchtigt, schweigend umhergelaufen sein. Ist Diogenes' wortloses Gehen ein subversiver Versuch, Zenons Argument zu widerlegen? Aus der Unmöglichkeit, über Bewegung zu reden, schreibt Kojève, zog der Vorsokratiker den Fehlschluss, Bewegung als solche zu leugnen. »Indem nun Diogenes *schweigend* umherging, deutete er an, dass die Tatsache der Unmöglichkeit des Redens (Irrationalität) in Bezug auf die Frage nach der Wirklichkeit eines Phänomens von keiner entscheidenden Bedeutung ist.« In dieser Lesart ist Diogenes' schweigsamer Spaziergang »ein Protest gegen die These des radikalen Rationalismus: nur das Vernünftige ist wirklich; ohne eine ›Widerlegung‹ zu sein, ist er doch sinnvoll«. Wovon man nicht sprechen kann, darüber muss man schweigen – und im Schweigen gedeiht ein Sinn jenseits der Worte.

Die berühmten zenonischen Bewegungsparadoxien – von Stadion und Pfeil zu Achilles und der Schildkröte – kondensiert Kojève zu einer Frage: Wie ist Bewegung möglich in einer »Welt«, die nicht endliches Kontinuum, sondern diskrete Vielheit ist? Die rätselhafte »Welt« der Physik, eine Welt in Anführungszeichen, ist der Ort, an dem »Identisches verschieden und Verschiedenes identisch sein kann«. Sie ist nicht *unsere* Welt, ohne Anführungszeichen: die Welt »der Sterne, der Planeten, der Berge, der Steine, der Pflanzen, Tiere und Menschen«. Die diskrete »Welt« der Physik ist eine Abstraktion: zwar wirklich, aber wortlos. In der »Hier-jetzt-Welt«, in der ich meine Hand bewege und diese Zeichen tippe, existieren sowohl Dinge als auch Worte. Es ist die Welt der Philosophie (der Rede = Logos). Der Mensch, der zwischen Dingen und Worten lebt, versteht nur diese Welt, nicht jene redelose »Welt«.

Zum Problem einer diskreten »Welt« ist das vergessene, meisterhafte Frühwerk des russischen Exilphilosophen, 1929 verfasst und zu Lebzeiten unveröffentlicht. Das Typoskript in der *Bibliothèque nationale de France*, hier erstmals zugänglich gemacht, umfasst 148 Seiten. Im Typoskript fehlen die Seiten 29 und 64, was wohl lediglich auf Fehler in der Paginierung zurückzuführen ist, da der Text vollständig erscheint. Zwischen den Zeilen finden sich kleinere Änderungen und handschriftliche Kommentare. Diese wurden weitestgehend in die vorliegende Version eingearbeitet oder zu Kojèves eigenen Endnoten hinzugefügt. Einschübe wie »Ist das richtig?« oder »Umarbeiten!« deuten darauf hin, dass Kojève weitere Arbeit am Text plante. Der Originaltext, mit all seinen stilistischen Eigenheiten, wurde möglichst genau wiedergegeben, größere editorische Eingriffe sind durch [ ] markiert. Marginale Grammatik- und Tippfehler wurden korrigiert, einige Abkürzungen aufgelöst. Kojève schrieb den Aufsatz auf Deutsch, einer Wahlsprache, die er sich ebenso erfinderisch zu eigen machte wie das Französische: mit Dada-Wortschöpfungen, Poetik und Witz, Übersetzungen aus dem Russischen, eigenwilliger Interpunktion – und dem *wörtlichen* Hinhören des émigré, der zwischen Sprachen lebt und liest.

Wie im späteren Werk ist Kojèves Verwendung des Bindestrichs (wie Giorgio Agamben bemerkte) von besonderer Bedeutung. So findet sich neben den Neologismen »ein-eindeutig«, »Nicht-jetzt-sein«, und »Auch-Philosophie« der heideggerianische »Gegen-stand«. Der Text bietet die einmalige Gelegenheit, nachzuvollziehen, wie Kojève auf Deutsch denkt, der Sprache Hegels, der bald im Zentrum von Kojèves Denken stehen sollte. Nach Abschluss der Doktorarbeit zu Wladimir Solowjow, betreut von Karl Jaspers, zieht es Kojève, damals noch Koschewnikoff, 1926 in die französische Hauptstadt. In den dreißiger Jahren halten seine Hegelseminare eine illustre Schar von Intellektuellen in Atem, darunter Jacques Lacan, Georges Bataille und Pierre Klossowski.[1] Dass Kojève – bevor ihn das Hegelfieber befällt – sich in den ersten Jahren in Paris vor allem dem Studium der Physik hingab, ist weniger bekannt.

Im Pariser Vorort Boulogne-sur-Seine studiert der junge Kojève, unter Anleitung von Alexandre Koyré, Mathematik und theoretische Physik.[2] In kleineren Buchrezensionen bespricht er die neuesten Entwicklungen des Neukantianismus, der Phänomenologie und Quantenphysik. Seine Abhandlung zur Bewegung

---

1 Alexandre Kojève, *Hegel. Eine Vergegenwärtigung seines Denkens. Kommentar zur »Phänomenologie des Geistes«*, hg. v. Iring Fetscher, übers. v. Iring Fetscher u. Gerhard Lehmbruch, Frankfurt a. M. 2010.

2 Marco Filoni, *L'azione politica del filosofo. La vita e il pensiero di Alexandre Kojève*, Turin 2021, S. 149-161.

gehört, neben Eddington und Weyl, zu den frühesten philosophischen Reflexionen über die Relativitätstheorie überhaupt. Im April 1929 hielt der Physiker Enrico Fermi – Nobelpreisträger des Jahres 1938 – drei Vorlesungen zur Quantenmechanik am Institut Henri Poincaré, die Kojève genau verfolgte. Am Ende des Vortrags, wie aus seinen Notizen hervorgeht, meldete sich Kojève sogar zu Wort und stellte dem großen Physiker einige Fragen.[3] Zwischen November 1929 und Januar 1930 besuchte Kojève zudem Seminare bei Max Born, Hans Kramers, Paul Langevin und Louis de Broglie, dessen Wellenmechanik grundlegend für die Entwicklung der Quantentheorie war.[4] Anfang der 1930er Jahre, nach seinen ersten Gehversuchen zur »Welt«, begann Kojève ein größeres Buchprojekt zum Problem des Determinismus, das 1932 abgeschlossen und posthum veröffentlicht wurde.[5]

Einer der engsten Freunde Kojèves, zunächst in Paris, dann aus dem amerikanischen Exil, war der russische Mathematiker, Platonspezialist und Heideggerschüler Jacob Klein, der für seine Studie zum antiken Zahlkonzept bekannt wurde.[6] Kojève und Klein, wie auch Koyré, trugen maßgeblich zur Blütezeit der französischen Epistemologie zwischen den Kriegen bei. Die Schrift zur diskreten »Welt« ist ganz im Geiste dieser euphorischen, wil-

---

3 Filoni 2021, S. 150.

4 Ebd., S. 151.

5 Alexandre Kojève, *L'idée du déterminisme dans la physique classique et dans la physique moderne* (1932), Paris 1990.

6 Jacob Klein, »Die griechische Logistik und die Entstehung der Algebra«, in: *Quellen und Studien zur Geschichte der Mathematik, Astronomie und Physik*, Abt. B: Studien, Bd. 3, Erstes Heft, Berlin 1934, S. 18-105 und Zweites Heft, Berlin 1936, S. 122-235.

den Epistemologie verfasst, die Heidegger, Husserl und Hegel in einem Atemzug mit Heisenberg, Hilbert und Einstein nennt und die Existentialontologie mit der Relativitätstheorie kurzschließt. Vielleicht veröffentlichte Kojève seine Arbeit zur diskreten »Welt« deshalb nicht, weil das Determinismusbuch zu viel Raum einnahm. Ein anderer Grund ist jedoch wahrscheinlicher: 1929 verlor Kojève sein gesamtes Kapital im Börsencrash (er hatte alles auf Aktien des Herstellers der Käsemarke *La Vache Qui Rit* gesetzt). Vorbei waren die Jahre des ungestörten Studiums, die ihm das Familienvermögen ermöglichte. Ohne die Wirtschaftskrise gäbe es wohl keinen »französischen Hegel«.

Kojèves Schrift über die »Welt« ist ebenso Kommentar zur modernen Physik wie Pamphlet gegen den Idealismus der Marburger Schule (Kojève war wie Heidegger und Benjamin abtrünniger Student des Neukantianers Heinrich Rickert). Der junge Kojève steht im Banne Hegels: die Physik seit 1926, schreibt er, ist »eine Physik, die sich selbst versteht (Hegel)«. Die neueste Physik ist – im hegelianischen Jargon – »für sich« das, was sie »an sich« ist. Wir wollen den Text auf Empfehlung seines Freundes Leo Strauss zwischen den Zeilen lesen, im Dialog mit zwei Zeitgenossen: Wittgenstein und Heidegger, deren *Tractatus* (1922) und *Sein und Zeit* (1927) tiefe Spuren hinterlassen haben. Die »Welt« in Anführungszeichen verrät, dass auch Kojève Sprachphilosophie betreibt. Die Wissenschaft, schreibt er, setzt eine Wirklichkeit voraus, »operiert aber nicht mit ihr – dies ›tun‹ nur die Tiere und eben darum ist eine Spinne kein Ingenieur – sondern mit Begriffen.« Kojèves bizarre Tiermetaphorik setzt sich an anderer Stelle fort:

Um Engel braucht man sich nicht zu kümmern. Reden sie nicht, so können auch wir über sie nicht reden (sonst wäre ihr Schweigen zufällig); und da in der Nacht des Schweigens bekanntlich alle Kühe schwarz sind, so können wir sie als schweigende Menschen ansehen; ein wahrer Philosoph wäre dann ein Engel – kein Wunder, dass es solche nicht gibt. Reden sie, so kann man sie als Menschen betrachten (ist neben Berdjajeff auch Hegel ein Philosoph, so ist neben Hegel auch ein Engel ein Mensch!). Und was Gott anbetrifft so ist Er sowieso ein reines Nichts, sofern die Welt existiert (oder wenigstens sofern ich existiere); denn nicht nur für den bekannten Astronomen (wer war das eigentlich) sondern auch für einen Theologen ist für Gott in dieser Welt kein Ort (wörtlich genommen) anzuweisen. Übrigens endete der historische Versöhnungsversuch bekanntlich mit einem Gottesmord.

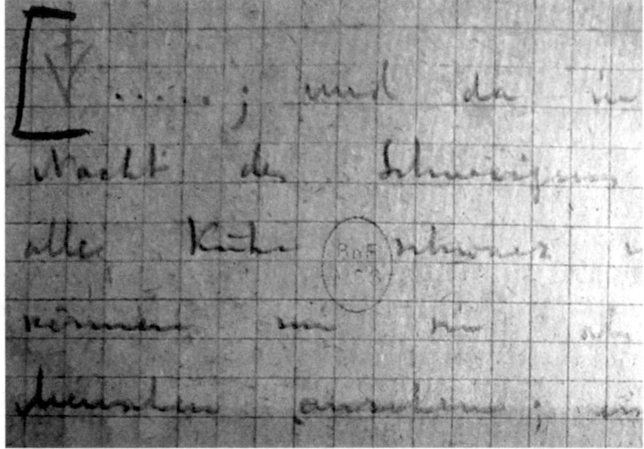

Berdjajeff, Nietzsche, Hegel – Galileo? (Hegelianische) Wissenschaft, verkündet Kojève, kann nie vollständig durch Philosophie begründet werden. Selbst eine »absolut wahre philosophische Ontologie«, bezöge sich nur auf »die wirkliche, *verstandene* Sache«, nicht das Objekt der Physik. Heideggers Philosophie, schreibt Kojève 1932, »nimmt ihren Ausgangspunkt in der Idee einer Philosophie-Wissenschaft, die absolut wahr und einzigartig ist.«[7] In diesem Sinne ist Kojève von Heidegger weit entfernt. Eher besteht eine Wahlverwandtschaft zum *Tractatus*: Wie Wittgenstein suchte Kojève »dem Denken eine Grenze [zu] ziehen, oder vielmehr – nicht dem Denken, sondern dem Ausdruck der Gedanken: Denn um dem Denken eine Grenze zu ziehen, müssten wir beide Seiten dieser Grenze denken können (wir müssten also denken können, was sich nicht denken lässt).«[8] Das Denken des Undenkbaren – und die Versprachlichung des Nichtdiskursiven – bleibt eine idée fixe in Kojèves späten Systemfragmenten, dem posthum erschienenen *Le Concept, le Temps et le Discours* (1952).[9]

Während sich das Spätwerk aus dem Schatten des Strukturalismus herauslöst, sind die frühen Schriften von der indischen Philosophie geprägt, insbesondere des buddhistischen Denkers

7 Alexandre Kojève, Rezension von Georg Misch »Lebensphilosophie und Phänomenologie. Eine Auseinandersetzung der Dilthey'schen Richtung mit Heidegger und Husserl« (1931), in: *Recherches philosophiques*, II, 1932-1933, S. 470-475.

8 Ludwig Wittgenstein, »Vorwort«, in: ders., *Tractatus-Logico Philosophicus*, London 1922, S. 26.

9 Alexandre Kojève, *Le Concept, le Temps et le Discours* (1952), Paris 1990.

Nāgārjuna (2. Jh.), den Kojève als Student Max Wallesers am Heidelberger Institut für Buddhismuskunde im Original liest. Wo liegen die Grenzen des Denkbaren und wo die der Sprache? Wittgenstein hielt das Denken des Undenkbaren für ein unsinniges Unterfangen: »Die Grenze wird also nur in der Sprache gezogen werden können und was jenseits der Grenze liegt, wird einfach Unsinn sein.« Der junge Kojève, unter dem Einfluss Nāgārjunas, wendet seinen Blick bewusst auf das, was jenseits der Grenze liegt: *das Nichtexistierende*.[10] Sofern ich existiere, schreibt Kojève, ist Gott tot. Menschen, Steine und Tiere existieren nur in der wirklichen Welt der Dinge und Worte. Hört der Mensch auf zu handeln (karman), »so fallen die dharmen auseinander und das ›Lebewesen‹ ist erlöst.«[11]

Die Aufgabe der Philosophie ist es, sinnvoll über die Welt (ohne Anführungszeichen) zu reden. Gäbe es kein Denken, so würde die Welt weiterhin *existieren*, aber »dieser Satz ist freilich nur sozusagen ›zwischen den Zeilen‹ richtig, denn streng genommen ist er sinnlos, etwas noch viel Schlimmeres als ein viereckiger Kreis.« Die Quadratur des Kreises mündet im Wittgenstein'schen Schweigen:

---

[10] Siehe hierzu das frühe Journal, in dem Fragmente einer Philosophie des Nichtexistierenden [философия несуществующего] in der fiktionalen Begegnung zwischen Descartes und Buddha kulminieren: Alexandre Kojève, *Tagebuch eines Philosophen*, Berlin 2015.

[11] Kojèves Kommentar zu Nāgārjuna steht in der letzten Fußnote über den Dharmabegriff. Wie die aufmerksame Leserin Kojèves weiß, verbirgt sich die Essenz seiner Texte oft in den Fußnoten. So findet sich die berühmte Idee eines *Endes der Geschichte* lediglich in zwei Noten zur zweiten Auflage der Hegelseminare (Kojève 2010, a.a.O.).

Denn indem ich von einer »Welt« rede, in der keine Rede ist, so rede ich über etwas, worüber sich prinzipiell nicht reden lässt. Sobald ich rede und eben weil ich rede, wird diese redenlose »Welt« zu einer Abstraktion. Ich kann über sie nur reden, sofern ich in einer redezulassenden »Welt« existiere, sofern also diese »Welt« existiert, und die redelose »Welt« *existiert* nur in meinem Reden über sie, d.h. mit anderen Worten – sie ist nur eine Abstraktion.

Inwiefern ist die redelose »Welt« nun diskret? In der Mathematik und Physik meint *diskret* abzählbar, isoliert, diskontinuierlich (lat. discernere = trennen, unterscheiden). Die diskrete Welt ist eine unendliche Vielheit – im Gegensatz zum endlichen Kontinuum (lat. continuus = zusammenhängend).[12] Im Pfeilparadoxon behauptet Zenon, der Pfeil fliege und stehe doch still, da er stets an *einem* bestimmten Ort ruhe. Nimmt man ein Kontinuum von Raum und Zeit an, so verschwindet der Widerspruch. Wie nun aber fliegt der Pfeil in einer diskreten »Welt«, die aus Atomen besteht? In Antwort auf Zenon schlug Hegel vor, nicht den Widerspruch der Bewegung aufzulösen, sondern Bewegung selbst als Wider-Spruch zu fassen. Voilà: Dialektik! Im selben Geiste sind für Kojève die zenonischen Paradoxien nur scheinbar wider-

[12] Es sei auf einen Vortrag hingewiesen, den Kojève im Januar 1931 an der *Société russe de philosophie des sciences* in Paris zum Thema des Kontinuums hielt, in Reaktion auf Erwand Kogbelianz' vorangegangenen Vortrag »Die Idee der Unendlichkeit und Kulturtypen.« Das russische Manuskript, in Kojèves Archiven in der französischen Nationalbibliothek einsehbar, kreist ebenfalls um Zenons Kontinuumsparadox. Auf der Anwesenheitsliste für Kojèves Vortrag befinden sich namhafte russische Religionsphilosophen im Exil, darunter der orthodoxe Theologe Georgi Florowski (siehe NAF 28320, Boîte 9).

sprüchlich: nur dann, wenn man den Wider-Spruch in der Welt und nicht im Wort sucht. So spielt sein Text auch mit der oszillierenden Bedeutung von *Diskretheit*: »taktvolle Zurückhaltung« oder »Verschwiegenheit« in der Alltagssprache. Die diskrete »Welt« ist die unstete und wortlose Welt – in der sich Dinge wie von Zauberhand bewegen.

Der Dialog mit Wittgenstein versandet nicht im diskursiven Schweigen. Vier Jahrzehnte später, im Jahre 1964, wird Kojève Wittgensteins berühmte Formel dem Aufsatz zur Kunst des Schreibens voranstellen: »Wovon man nicht sprechen kann, darüber muß man schweigen.«[13] Bis ans Lebensende beschäftigt Kojève das »Stillschweigen« des Philosophen, der »aufhört zu sagen, was er denkt, und sogar aufhört, alles zu denken, was er sagt.«[14] An die Stelle des Sprechens tritt das Handeln (karman) – in seinem Fall die Tätigkeit als graue Eminenz im französischen Wirtschaftsministerium. Die Philosophie überlebt das Ende der Geschichte als ironisches Schattentheater, mal Camouflage, mal Performanz des Schweigens. Ob Stillstand oder Stillschweigen, Galileos Ausruf »Und sie bewegt sich doch!« schallt genauso nach wie Diogenes' sprachloser Spaziergang. Nicht Worte, sondern Dinge sind passé: »In den Scherben, in der Leiche, wird das Da des Nicht-mehr für eine mehr oder weniger lange Zeit erhalten.« In der Welt der Worte, schrieb Kojève vor beinahe

13 Alexandre Kojève, »Kaiser Julian und seine Kunst des Schreibens«, in: Leo Strauss, Alexandre Kojève, Friedrich Kittler, *Kunst des Schreibens*, hg. v. Andreas Hiepko, übers. v. Peter Geble, Berlin 2009, S. 51.

14 Ebd., S. 56.

hundert Jahren, »ist« die zerbrochene Tasse genauso »da« wie das Kind des 21. Jahrhunderts.

Mein Dank gilt Nina Kousnetzoff, Marco Filoni, Danilo Scholz und Jérôme Villeminoz. Besonderer Dank geht an Stefanos Geroulanos, der mir seine Abschrift des Typoskripts zukommen ließ, als er vom Editionsprojekt erfuhr. So beruhen Teile der vorliegenden Ausgabe auf seiner Version im Abgleich mit dem Original. Ohne das großzügige Research Fellowship am Deutschen Forum für Kunstgeschichte in Paris wäre die umfassende Archivarbeit in der Nationalbibliothek nicht möglich gewesen. Die Arbeit am Text wurde von langen Spaziergängen mit Rupert durch die »Welt« begleitet.

Rajasthan/Cornwall, März 2023

ZUM PROBLEM EINER DISKRETEN »WELT«

Alexandre Kojève

In einer bekannten Geschichte wird erzählt, daß, nachdem Zenon seine Beweise gegen die Möglichkeit der Bewegung vorgetragen hat, Diogenes schweigend hin und her zu gehen begann; dadurch sollten die eben vorgetragenen Beweise »widerlegt« werden. Diese Geschichte wird manchmal am Beispiel einer irrelevanten Antwort angeführt.[1] Man kann ihr aber eine andere Deutung geben, so daß das Verhalten Diogenes' als sinnvoll erscheint.

Will man Zenon nicht für einen »Verrückten« halten, so muß man gewiß zugeben, daß es ihm nie eingefallen ist, das Wahrnehmungsphänomen der Bewegung zu leugnen. Insofern war das schlichte Vorzeigen einer Bewegung seitens Diogenes allerdings sinnlos. Wenn aber Zenon das Phänomen auch nicht leugnete, so begnügte er sich andererseits doch nicht mit einer einfachen Konstatierung desselben, sondern *redete* darüber. Indem er redete, oder besser zu reden versuchte, stellte er fest, daß das Phänomen irrational, »unlogisch« ist, d.h. eben, daß es eigentlich ganz unmöglich ist darüber zu reden.[2] Aus der Irrationalität, aus der Unmöglichkeit des eigentlichen Redens, folgerte er alsdann, daß das Bewegungsphänomen nicht im wahren Sinne wirklich sein kann, sondern als bloßer »Schein« angesehen werden muß. Indem nun Diogenes *schweigend* umherging, deutete er an, daß die Tatsache der Unmöglichkeit des Redens (Irrationalität) in Bezug auf die Frage nach der Wirklichkeit eines Phänomens von keiner entscheidenden Bedeutung ist. So interpretiert erscheint der schweigsame Spaziergang Diogenes' als ein Protest gegen die These des radikalen Rationalismus: nur das Vernünftige ist wirklich; ohne eine »Widerlegung« zu sein, ist er doch sinnvoll.

Auch hier soll keine »Widerlegung« des Rationalismus versucht werden. Nur im Vorbeigehen sei vermerkt, daß für den Rationalismus die Tatsache des »Scheins« als Problem bestehen bleibt, und daß bei der Lösung dieses Problems doch irrationale Momente eine Rolle zu spielen pflegen. Ob das notwendig so geschehen muß, mag hier unentschieden bleiben.

Im Folgenden soll aber nicht nur dieses, sondern überhaupt jedes spezifisch philosophische Problem außer Betracht bleiben. Es wird weder eine »allgemeine« noch eine »Philosophie der Wissenschaft« getrieben und die Fragestellungen und Problementwicklungen sind prinzipiell als »physikalische« gemeint. Um diese Erklärungen verständlich zu machen, sollte man eigentlich genau angeben, was mit »Philosophie«, »Philosophie der Wissenschaft« und »Wissenschaft« (speziell Physik) gemeint ist. Davon kann hier jedoch offenbar keine Rede sein, da diese Fragen wohl nur innerhalb eines allumfassenden philosophischen »Systems« eine befriedigende Antwort erhalten können. Wir werden uns also mit einigen kurzen und ohne nähere Begründung aufgestellten Erklärungen begnügen müssen.

Der hauptsächliche (vielleicht auch einzige) Unterschied zwischen Philosophie und Wissenschaft[3] (speziell Physik) besteht darin, daß die erstere sich auf die »Sache selbst« bezieht, während die letztere es stets mit einem »Gegen-stand« zu tun hat.

Unter der »Sache selbst« ist die Totalität des irgendwie Seienden (speziell existierenden) – unter dem »Gegen-stand« ein gewisses Abstraktionsgebilde zu verstehen. Formal ist eine »Sache selbst« die Einheit von einer irgendwie »herausgegriffenen« Sache, von all dem, was nicht diese Sache ist, und von dem »Unterschied« zwischen beiden. Als »Sache selbst« kann also nur die Totalität angesehen werden, woraus jedoch keinesfalls folgt, daß es nur eine »Sache selbst« gibt oder daß alle »Sachen selbst« identisch sind.

Die zwei ersteren »Momente« der »Sache selbst« sind wohl ohne weiteres verständlich, dagegen muß der »Unterschied« näher erklärt werden. Daß es so etwas wie einen »Unterschied« (zwischen A und non-A) gibt, kann nicht geleugnet werden, aber zunächst weiß man nicht, was man damit anfangen kann und darunter zu verstehen hat. Andererseits gibt es zweifellos so etwas wie ein »Verstehen« der Sache, das wiederum weder mit der Sache noch mit der nicht-Sache zusammenfällt, und daß ein Verstehen ist nicht nur der Sache und der nicht-Sache (als eines »Hintergrundes«), sondern auch des Unterschiedes beider. Es liegt nun nahe, dies »Verstehen« mit dem »Unterschied« zu identifizieren und die »Sache selbst« nun als »verstandene Sache« zu bezeichnen. (Paradigma: Sein-Nichtsein-Unterschied). Mit verstehen ist hier nicht notwendig ein Verstehen seitens eines Menschen gemeint, aber wir Menschen können offenbar nur von solchen Sachen reden, die von *uns* verstanden werden;[4] »verstanden« im weitesten Sinne des Wortes – von der schlichten Empfindung bis zum mystischen Schauen. Ist die in Frage kommende Sache real existierend, so ist also die »Sache selbst«

nichts anderes als das wirkliche konkrete Ding. Das »wirkliche Ding«, von dem ich rede oder das überhaupt mir irgendwie gegeben ist, ist ja eine hier-jetzt existierende in die Totalität des übrigen Existierenden »eingebettete« Sache, die von mir hier-jetzt so und so »verstanden« wird.[5] Sehe ich von der »Umwelt« oder von meinem »Verstehen« ab, so habe ich eine Abstraktion – und zwar einen Gegen-stand. Eine derartige Abstraktion vollzieht nur die Physik (Wissenschaft).

Sofern die folgenden Erörterungen keine philosophischen sein sollen, wird zu ihnen nicht über die »Sache selbst« gehandelt. Nun sagte ich, daß diese Erörterungen auch nicht im Sinne einer Philosophie der Wissenschaft gemeint sind. Das muß noch nun erklärt werden, der man unter dem Titel »Philosophie der Wissenschaft« die verschiedensten Sachen zusammenbringen pflegt: neben der eigentlichen Philosophie, wissenschaftliche Theorien, Forschungen über die »Grundlagen« und Methoden der Wissenschaft, deren Geschichte, sowie Psychologie der Wissenschaftler. All das muß nach der hier angenommenen Terminologie nicht als Philosophie bezeichnet werden, wodurch natürlich kein Werturteil über die genannten Forschungsgebiete gemeint ist. Die als »Philosophie« bezeichneten wissenschaftlichen Theorien sind meistens (wenigstens seit dem 14. Jh.) nur durch ihren fantastischen Charakter vor dem gewöhnlichen unterschieden, gehören aber prinzipiell zu denjenigen Wissenschaften auf deren Gegenstand sie sich beziehen, wenn sie auch von der »offiziellen« Wissenschaft nicht anerkannt werden. Zur Wissenschaft an sich gehören auch die Methoden- und Grundlagenforschungen. Daß sie oft von Philosophen ausgeführt werden, hat selbstverständlich nichts zu sagen, da ein Philosoph ja nicht nur-Philosoph zu sein braucht.[6] Sollte es gewisse allen Wissenschaften oder einer Gruppe derselben gemeinsame Grundlagen oder Methoden geben, so würde deren Untersuchung zwar eine Wissenschaft für sich, aber keine Philosophie ausmachen. Das gilt auch in Bezug auf die Geschichte und Psychologie der Wissenschaft, die zwar zur betreffenden Wissenschaft nicht gehören, aber ihrem Wesen nach nicht philosophisch, sondern wissenschaftlich sind.

All das ist nicht darum gesagt, um eine Namensgebung zu verbieten, sondern nur darauf hinzuweisen, daß es neben all dem auch noch eine spezifisch philosophische Betrachtungsweise der Wissenschaft gibt, die sich dadurch auszeichnet, daß sie sich auf die »Sache selbst« bezieht. Jedoch muß man hier dreierlei unterscheiden. Erstens kann man die durch die Wissenschaft hergestellte Trennung von »Gegen-stand« und (erkennendem) Subjekt aufheben und auf die durch den »Gegen-stand« symbolisch repräsentierte »Sache selbst« zurückgehen. Dies ist die allgemeine philosophische Betrachtungsweise, die mit der betreffenden Wissenschaft nur lose zusammenhängt und keinen speziellen Bezug auf sie nimmt, d.h. maW [mit anderen Worten] den Titel einer Philosophie *der Wissenschaft* nicht verdient. Zweitens kann man den »Gegen-stand« als »Sache« der »Sache selbst« betrachten, deren zweites Moment der »Nicht-Gegenstand«[7] und deren drittes das »Verstehen« des »Gegenstandes« *seitens der Wissenschaft* (nicht des konkreten Wissenschaftlers) ausmacht. Dies ist nun die eigentliche Philosophie der Wissenschaft, die im Wesentlichen mit dem zusammenfällt, was man Erkenntnistheorie zu nennen pflegt. Sie ist Philosophie, weil das vor ihr Beschriebene – d.h. »der vor der Wissenschaft in seinem Unterschiede von anderen Gegenständen verstandene Gegenstand der Wissenschaft«, eine »Sache-selbst« ist (und zwar ganz abgesehen der Frage nach der »Realität« des »Gegenstandes«). Sie ist aber Philosophie *der Wissenschaft*, weil diese Sache selbst eine Wissenschaft ist, d.h. (ungenau gesprochen), weil der »Gegenstand« die »Sache« nicht einer schlechthin, sondern einer nur als (faktische) Wissenschaft existierenden »Sache selbst« ist. Die erkenntnistheoretische Problemstellung darf demnach mit der allgemeinen philosophischen Problemstellung nicht verwechselt werden. Die Trennung und Gegenüberstellung eines (erkannten oder zu erkennenden) Objekts (= Gegen-stand) und eines (*nur* erkennenden) Subjekts geschieht nur innerhalb der Wissenschaft, und das Problem ihrer gegenseitigen Beziehung ist (ohne freilich zur Wissenschaft selbst zu gehören) ein durch die Wissenschaft veranlasstes Problem, das nur innerhalb der Wissenschaft (als einer »Sache-selbst«) sinnvoll wird.[8] Drittens, endlich, kann man die Wissenschaft, die für die Erkenntnistheorie »Sache selbst« war, zur »Sache« einer neuen »Sache selbst« machen.[9] Auch diese Betrachtungsweise könnte noch als Philosophie der Wissenschaft (besser: über die Wissenschaft) bezeichnet werden. Aber ihr Zusammenhang mit den wirklichen Wissenschaften ist viel loser als bei der Erkenntnistheorie. Sie gehört zur allgemeinen Philosophie des »Geistes«.

Wenn also oben gesagt wurde, daß unsere Untersuchung weder philosophisch noch wissenschafts-philosophisch sondern wissenschaftlich sein soll, so bedeutet das, daß wir es nicht mit einer »Sache selbst« sondern mit einem (isolierten) »Gegenstand« zu tun haben werden, dessen Beziehungen zum »Subjekt« unberücksichtigt bleiben. Im populären Sinne kann man dagegen diese Untersuchung wohl als eine »philosophische« bezeichnen. Denn einerseits bezieht sie sich auf eine »Grundlagenfrage« und anderseits will sie keine auf eine Anerkennung seitens einer Wissenschaft Anspruch erhebende Lösung geben, sondern nur eine begriffliche Möglichkeit verfolgen.

Nun wurde ferner gesagt, daß unsere Untersuchung speziell eine physikalische sein soll. Um auch diese zu erörtern, müßte man dies Wesen der Physik, ihren Unterschied vor den anderen Wissenschaften angeben. Dies ist jedoch hier unmöglich.[10] Es wird genügen, einige Seiten der physikalischen Betrachtungsweise hervorzuheben, ohne auf die Frage einzugehen, ob dieselben *nur* für die Physik typisch sind.

Die Physik befaßt sich immer mit einem »Gegen-stand«, d.h. mit einer Abstraktion. Dabei abstrahiert sie einerseits von all dem, was nicht der betreffende Gegenstand ist und anderseits von dem »Verstehen« des Gegenstandes. Die erste dieser allgemeinen-wissenschaftlichen Abstraktionen findet auch einen spezifisch physikalischen Ausdruck; so etwa im Begriff (oder in der Idee) des »isolierten Systems«. Denn dieser Begriff bedeutet nicht nur eine Abstraktion in Bezug auf die »Sache« der »Sache selbst,« die stets in die Totalität »eingebettet« ist, sondern auch in Bezug auf den physikalischen Begriff der allgemeinen Wechselwirkung.[11] Wie jeder Abstraktion überhaupt, so haftet auch dieser eine gewisse Willkür an: es steht nicht an und für sich fest, was als Gegenstand zu betrachten ist und wo die »Grenzen« des Gegenstandes liegen.[12]

Die zweite Abstraktion nimmt innerhalb der Physik folgende Gestalt an. Wie in der Wissenschaft überhaupt, so wird auch hier auf das »Subjekt« und dessen Beziehung zum »Objekt« keine Rücksicht genommen. Da jedoch ein Gegen-stand immer einem Subjekt gegenüberstehen muß, so muß das letztere doch irgendwie in die Physik eingehen. Das geschieht mittels des Koordinatensystems. Ohne Koordinatensystem verliert jede physikalische Begriffsbildung ihren Sinn; ihr Gegenstand »existiert« nur inbezug auf die Koordinaten. Das Koordinatensystem vertritt das Subjekt, die Ich-zentriertheit des Gegenstandes, was sich u.a. auch darin äußert, daß dasselbe nur durch eine »individuelle Handlung aufgewiesen« (Weyl) werden kann.[13] In ihm wird die Subjekt-Problematik sozusagen konzentriert, aber zugleich auch »unschädlich« gemacht: das Koordinatensystem erlaubt es, einen Gegenstand zu bilden und zu fassen, zugleich aber vom Subjekt abzusehen. Dieses Absehen, das »von außen« gesehen als ein Absehen vom »Koordinatenproblem«[14] erscheint, erhält nun spezifisch physikalische Form in der Forderung der Invarianz der »Gesetze« (die ja die eigentlichen physikalischen Gegenstände sind) gegenüber einer Koordinatentransformation.[15]

Wenn also gesagt wurde, daß unsere Untersuchung eine physikalische sein soll, so heißt das, daß wir uns die Möglichkeit geben, einerseits von isolierten Gegenständen zu reden, und anderseits von Koordinaten Gebrauch zu machen, ohne auf das Koordinatenproblem einzugehen. Dabei werden wir ein einziges physikalisches Problem herausgreifen: das Problem der Bewegung eines Dinges in der »Welt«.[16] Dabei sollen die zenonischen Paradoxien berücksichtigt werden. Doch wird auch dies Problem insofern eingeschränkt, als nur eine begriffliche Möglichkeit genauer verfolgt werden soll; die Möglichkeit der Bewegung in einer als eine *diskrete* Mannigfaltigkeit aufgefassten »Welt«.

Die zenonischen Argumente sind zu bekannt, um hier ausführlich dargestellt zu werden, besonders weil sie (sowie die wichtigsten Lösungsversuche) in vorbildlicher Weise von Koyré analysiert wurden.[17] Nur einige Ergebnisse dieser Analyse sollen hier wiedergegeben werden.

Die Schlüsse, die Zenon selbst aus seinen Argumenten gezogen hat, brauchen uns hier nicht zu interessieren. Für uns folgt jedenfalls aus der Tatsache, daß Bewegung rational möglich oder unmöglich ist, nicht in Bezug auf die Frage nach der »Realität« der Bewegung, eine Frage, die hier (wie bereits gesagt) unerörtert bleiben muß. Auch die historische Treue der Interpretation braucht uns nicht zu bekümmern: die Argumente werden also »an sich« betrachtet. Von vorn herein soll ferner die Absicht angelehnt werden, nach der zenonischen Argumente nicht Paradoxen, sondern Paralogismen (»Sophismen«) wären; eine Ansicht, die lange Zeit vorherrschend war, jetzt aber wohl als endgültig aufgegeben angesehen werden kann. Wenn aber so, dann bleiben nur noch zwei Möglichkeiten übrig. Entweder auch die Prämissen Zenons als richtig anzusehen und die Bewegung demnach als ein »Wunder« aufzufassen oder die Prämissen zu leugnen. Für die Physik dürfte die erstere Möglichkeit wohl nicht in Frage kommen, da diese Wissenschaft (wenigstens explicite) keine Wunder zulässt. Auch von allen möglichen Änderungen der Prämissen kommen für die Physik also nur diejenigen in Betracht, die das Faktum der Bewegung rational machen.

Nun lassen sich aber, wie Koyré gezeigt hat,[18] die zenonischen Argumente sowohl bei der finitistischen als bei der infinitistischen Prämisse aufrecht erhalten, d.h. wie es zunächst scheint, bei beiden sich gegenseitig anschließenden und allein möglichen Voraussetzungen über die »Welt«. Koyré zeigte dann dementsprechend, daß alle prinzipiell möglichen Lösungsversuche notwendig fehlschlagen müssen und tatsächlich fehlschlagen.

Die Bemerkungen scheinen alle weitere Diskussion der Frage zwecklos zu machen. Dem ist jedoch nicht so, und zwar aus folgenden Gründen. Erstens setzt Koyré bei der Besprechung der infiniten Prämissen die »klassische« (Dedekind-Cantor) Theorie des Kontinuums voraus, ohne freilich sie als das Wesen des Kontinuums adäquat ausdrückend anzusehen. Nun ist aber in der letzten Zeit eine wesentlich andere Kontinuumstheorie (Brouwer-Weyl) entwickelt worden, die in dem solchem Sinne in Bezug auf die zenonischen Argumente zu analysieren wäre, wie Koyré die »klassische« analysiert hat.[19] Zweitens ist Koyrés Arbeit eine philosophische, indem sie die Bewegung als »Sache selbst« betrachtet (oder wenigstens betrachten will). Darum sind einige der darin enthaltenen Argumente (so vor allem die gegen die finitistische Hypothese gerichteten) wohl philosophisch, aber nicht physikalisch relevant. Denn Bewegung als »Sache selbst« und Bewegung als »Gegen-stand« (der Physik) sind keineswegs identisch. Drittens endlich wurden von Koyré nur die Hypothesen über die »Welt« und nicht diejenigen über das bewegte »Ding«

– dieser zweiten Prämisse der zenonischen Argumente – untersucht, die sich mit den ersteren auf verschiedene Weise kombinieren können.

So sieht man, daß auch unter der Voraussetzung der Gültigkeit der Ausführungen Koyrés eine weitere Diskussion des zenonischen Problems sinnvoll bleibt. Hier soll jedoch (wie gesagt) nur eine Möglichkeit verfolgt werden: die finitistische Hypothese über die »Welt«. Daraus, und aus der Voraussetzung einer rational möglichen Bewegung, sollen einige Folgerungen, den Dingbegriff betreffend, gezogen werden.

Koyré hat die finitistische Hypothese als endgültig widerlegt bezeichnet. Nun ist aber seine Kritik Evellins nur unter Voraussetzung des »gewöhnlichen« Dingbegriffs gültig. Auch die Widerlegung aus gewissen Konsequenzen, die »zwar nicht widerspruchsvoll in sich selbst, doch nichtsdestoweniger sachlich kaum aufrecht zu erhalten sind«[20] – deren philosophischer Wert mag sein welcher er wolle – ist wohl, eben wegen ihrer Widerspruchsfreiheit einerseits und des Fehlens einer »sachlichen« Betrachtungsweise in der Physik, *physikalisch* irrelevant. Wenn man außerdem bedenkt, daß ein Riemann im berühmten Schlußparagraphen seiner Schrift »Über die Hypothesen, welche der Geometrie zu Grunde liegen« die Möglichkeit, daß »das dem Raume zugrunde liegende Wirkliche eine diskrete Mannigfaltigkeit«[21] bilde, keineswegs von vornherein ausschließt; daß ein Weyl, in seinem Kommentar zu diesem Satz Riemanns, bemerken kann, daß in dieser Möglichkeit vielleicht einmal die endgültige Antwort auf das Raumproblem enthalten sein wird«;[22] daß endlich die finitistische Hypothese, im Zusammenhange mit der Quantentheorie, heute von einigen Physikern als ernste Möglichkeit erwogen wird;[23] wenn man all das bedenkt, sage ich, so wird man die finitistische Theorie nicht ohne weiteres als »erledigt« ansehen können.

Hier brauchen uns die mathematischen Schwierigkeiten der finitistischen Hypothesen nicht zu beschäftigen.[24] Wenn auch die Physik [ihren] Untersuchungen eine diskrete »Welt« zugrunde legt, so kann ja die Mathematik (speziell die Geometrie) nach wie vor mit dem Kontinuum arbeiten. Für sie würde dann nur die neue Aufgabe gestellt, der finitistischen Physik den geeigneten Apparat zu liefern, eine Aufgabe, die, einmal ernstlich gestellt, sicher und eine befriedigende Lösung finden würde. Und ebenso wenig beunruhigen uns die philosophischen Schwierigkeiten; denn wir dürfen nie vergessen, daß wir es in der Physik nicht mit der »Wirklichkeit«, nicht mit der »Sache-selbst«, sondern mit einer Abstraktion, einem »Gegen-stand« zu tun haben. Alle »phänomenologischen Evidenzen« und jede »Wesensschau« ist für die Physik irrelevant.

Aber auch umgekehrt dürfen physikalische Problemstellungen und -lösungen mit philosophischen nicht verwechselt werden. Wenn so z.B. eine physikalische Lösung (oder besser Aufhebung) des zenonischen Problems möglich wäre, so hätte das nur die Bedeutung, daß es möglich ist, eine Physik aufzubauen, in der dies Problem keine Schwierigkeit ausmacht. Für die Philosophie der »Sache-selbst« und für die Mathematik, sofern dieselbe mit dem Kontinuum zu tun hat,[25] wäre das Problem dadurch keineswegs gelöst.[26]

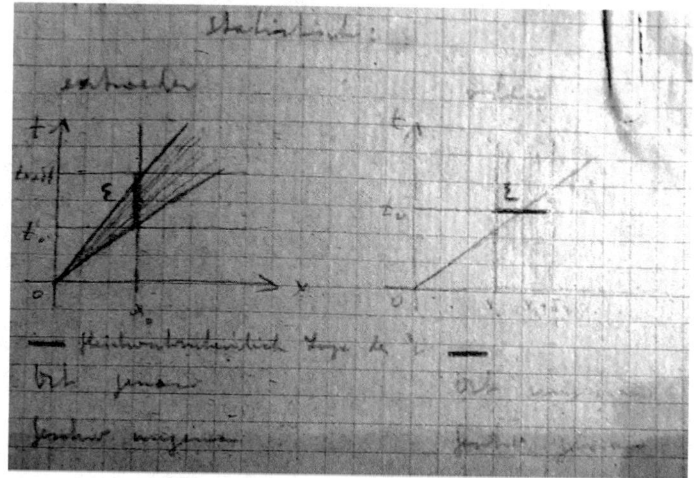

Endlich darf uns der phantastische und abenteuerliche Charakter der finitistischen Hypothesen nicht abschrecken, denn sowohl in der früheren als in der modernen Physik finden sich genug Dinge, die dem alltäglichen (und dem philosophischen) Bewußtsein als phantastisch erscheinen. Übrigens sind die folgenden Ausführungen auch nicht als eigentliche physikalische Theorie gemeint. Es wird nur eine *Möglichkeit* untersucht, die sich dem *physikalischen* Bewußtsein darbietet. Ob die Hypothese der diskreten »Welt« in der faktischen Physik je verwendet sein wird, und wenn ja, welche Form sie dort einkleiden, welche Konsequenzen sie innerhalb der Wissenschaft nach sich ziehen wird, all das sind Fragen, auf die nur die Physik selbst in ihrer historischen Entwicklung eine Antwort geben kann.

Nach all diesen – allerdings reichlich langen – »Vorbemerkungen«, können wir nun zu unserem eigentlichen Thema übergehen.

Die Hypothese der diskreten »Welt« und die daraus zu ziehenden Folgerungen

Die finitistische Hypothese nimmt an, daß die »Welt« kein Kontinuum ist, sondern aus Atomen (im wörtlichen Sinne verstanden) besteht. Diese Hypothese ist nicht in dem Sinne finitistisch, als ob sie die Endlichkeit der »Welt« behauptete. Im Gegenteil, es ist (zunächst jedenfalls) nicht einzusehen, wie eine diskrete »Welt« endlich sein könnte, da doch der Begriff der Riemannschen Krümmung nur für ein Kontinuum definiert ist.[27] So werden wir auch im Folgenden die »Welt« als eine unendliche voraussetzen.[28] Analog dem, wie eine kontinuierliche Punktmannigfaltigkeit aus Punkten »besteht«, »besteht« die diskrete »Welt« aus »Welt-Atomen«. Während aber die »Anzahl« der Punkte eine nicht-abzählbare ist (von der Mächtigkeit des Kontinuums), gibt es nur abzählbar unendlich viele »Atome« (Mächtigkeit der Menge der natürlichen Zahlen). Darin wird schon ein wesentlicher Unterschied zwischen Punkt und Atom ausgedrückt, aber damit ist noch nicht alles gesagt. Nach einem bekannten mengentheoretischen Satz ist nämlich eine abzählbare Menge abzählbarer Mengen wieder abzählbar. Fasst man also die »Welt« als eine abzählbare Menge endlicher »Weltgebiete« auf, so könnte man noch annehmen, daß in jedem endlichen Gebiet (abzählbar) unendlich viele »Atome« enthalten sind. Gerade das leugnet aber die finitistische Hypothese und erst dadurch wird ihr Name gerechtfertigt. Sie nimmt also an, daß jedes endliche »Weltgebiet« aus einer *endlichen* Anzahl von »Weltatomen« »besteht«, von dessen jedes vor allen anderen scharf abgegrenzt und in sich selbst nicht mehr teilbar ist.

Was ist nun ein »Welt-Atom«? Um diese Frage zu beantworten, wollen wir zunächst die »Welt« in Raum und Zeit spalten und die Raum- und Zeit-Atome gesondert betrachten.

Fangen wir mit dem Zeitatom an! – Es scheint zunächst, daß man sich so etwas überhaupt nicht vorstellen kann. Doch merkt man bald, daß dieser Begriff der Anschauung doch zugänglicher ist als der analoge Begriff des Punktes, mit dem man aber in der Physik trotzdem sehr gut auskommt. (Eine von der Physik zu beantwortende Frage ist, ob man auch mit dem Zeitatom »auskommt«.)

Es ist, wie gesagt, für das Zeitatom wesentlich, nicht teilbar zu sein. Stellt man sich dem Standpunkt, daß die physikalische Zeit nichts mehr und nichts weniger ist als das, was durch eine Uhr (im weiteren Sinne des Wortes) *gemessen* wird (Standpunkt der Relativitätstheorie; vgl. auch Planck: physikalisch wirklich ist nur das, was sich messen läßt), so heißt das, daß es »Zeitstrecken gibt, die durch keine Uhr weiter zerlegt werden können, (weshalb sie also eigentlich gar keine *Zeit*strecken mehr sind). So formuliert wird die Behandlung zu einer Selbstverständlichkeit, da ja sich offenbar nur Endliches beobachten läßt. Es scheint also, daß die Voraussetzung einer diskreten Zeit prinzipiell eine bessere Grundlage für physikalische Theorien bilden muß als die Kontinuitätshypothese. Dem ist aber nicht so, wenigstens nicht so für die bis vor kurzem allgemein gemachte Annahme, daß die Genauigkeitsgrenze der Beobachtungen ins Unbestimmte verschoben werden kann. Denn das Zeitatom wird nicht nur als unteilbar, sondern auch als konstant und scharf begrenzt vorausgesetzt[29] während die »Beobachtungsatome« weder scharf noch konstant sind. Anders liegt dagegen die Sache bei der neuesten Physik, die eine absolute Fehlergrenze annimmt. Denn fasst man diese Grenze in Bezug auf die Zeitbeobachtung als eine konstante und genaue auf, so hat es einen Sinn, von der diskreten Struktur der physikalischen (d.h. eben der beobachtbaren) Zeit zu reden. Man kann nun diese physikalische Zeit als die »eigentliche« auffassen; dann heißt es, daß alle Änderungen in der Natur nur »sprungweise« erfolgen können. Man ist jedoch keineswegs gezwungen, dies zu tun. Man kann nämlich ebenso gut die diskrete Beobachtungszeit von der stetigen »Zeit an sich« unterscheiden. Dann wird die obige Behandlung nur meinen, daß es Änderungen gibt, die »an sich« Änderungen sind, aber also solche nie beobachtet werden können. Rein physikalisch wird sich mit dieser stetigen Zeit nicht viel anfangen lassen, aber deren Annahme ist trotzdem sehr wichtig, weil sie die Anwendung der mathematischen Analysis erlaubt. Übrigens macht eine Identifizierung der Beobachtungszeit mit der »Zeit an sich« auch noch insofern Schwierigkeiten, als die Frage entsteht, wie denn die verschiedenen Beobachtungszeiten miteinander zusammenhängen (Frage nach dem t_0).

Doch wollen wir diese (allerdings ganz unzureichende) Erörterung des Problems der Zeitmessung und -beobachtung abbrechen und den Begriff des Zeitatoms unabhängig von der Frage nach seiner faktischen Beobachtung analysieren.

Das Zeitatom ist, sagten wir, prinzipiell unteilbar. Das kann nur das eine bedeuten: daß »während« der »Zeitstrecke«,[30] die wir als Atom auffassen, sich nichts ändern kann. Und zwar weder räumlich noch qualitativ.[31] Nicht räumlich: denn wenn ein »Ding« während des »Zeitatoms« die Strecke a durchlaufen würde, so wäre die Zeit, die es braucht, um etwa $^a/_2$ zu passieren, ein Teil des »Atoms«. Und diese Bemerkung bleibt gültig, auch wenn man die Bewegung diskontinuierlich interpretiert: ist ein »Ding« während des »Atoms« erst im Punkte (oder Raumatome) A, dann im Punkte B, so kann man wieder um das »Atom« teilen. Aber auch qualitativ darf sich nichts ändern (z.B. Änderung einer Farbe, abgesehen von dem »objektiv Wirklichen«, das dieser Änderung »zugrunde« liegt), denn sowohl eine »sprungweise« als auch eine stetige Änderung würde eine (im zweiten Falle allerdings ungenaue) Unterteilung des »Atoms« gestatten. All das ist selbstverständlich und von einer stetigen Änderung darf man übrigens überhaupt nicht reden, da sonst der Begriff des Zeitatoms jeden Sinn verlieren würde. Man kann also das Zeitatom als diejenige »Zeitstrecke« definieren, »während« derer sich prinzipiell nichts ändern kann. Da nun die Zeit der Voraussetzung nach aus Zeitatomen besteht, so folgt daraus, daß sich in der Zeit nichts ändern kann. Eine sonderbare Konsequenz, die nichts anderes als das bekannte Pfeilparadox des Zenon ist. So scheint es sich von vornherein herauszustellen, daß die Hypothese einer atomaren Struktur der Zeit absurd ist. Doch braucht man sich darüber nicht besonders zu freuen, da, – wie Koyré gezeigt hat (a.a.O., S. 605) – dieselbe Schwierigkeit der infinitischen Punkttheorie anhaftet. Später müssen wir diese Schwierigkeit erörtern, jetzt können wir sie jedoch auf sich beruhen lassen, und wollen uns etwas anderes überlegen.

Eine Zeit, während der sich nichts ändert, ist ein sinnloser, zumindest ein völlig überflüssiger Begriff. So dürfen wir also unser Atom gar nicht als *Zeit*-Atom bezeichnen. Wenn ich aber dasselbe eine »Zeitstrecke« nannte, so kann das nur auf Grund folgender Voraussetzung sinnvoll sein. Man nehme an, es gebe eine Uhr mit einem sich stetig bewegenden Zeiger; alles andere ändere sich dagegen sprungweise. Wir beobachten eine Konfiguration K_8 zur Zeit t_0, dann eine K zur Zeit t, während in der Zwischenzeit keine Änderung geschah. Die Zeitstrecke (t, $-t_0$) wäre dann ein »Zeitatom«. So könnte man mehrere »Atome« notieren und außerdem ihre (gleiche oder verschiedene) »Dauer« feststellen. Doch würde man in diesem Falle natürlich nicht von einer diskreten Zeit, sondern nur von einem diskreten Änderungsgesetz reden können. Nun haben wir aber nach Voraussetzung diese Uhr nicht, und demzufolge hat auch die Rede von einer »Dauer« des Atoms gar keinen Sinn. Bleibt »während« des Atoms *alles* (d.h. also auch das organische und physische Leben) stehen, so kann es 10^{100} oder 10^{-100} Sekunden dauern, niemand wird etwas davon merken können.

Soll also das Zeitatom unteilbar sein, so darf sich in ihm nichts ändern; ändert sich in ihm nichts, so ist seine »Dauer« unbestimmt, ja es hat überhaupt keine Dauer. Bedenkt man ferner, daß zwischen zwei ausdehnungslosen benachbarten Zeitatomen ZA_n und ZA_{n-1} nichts liegt, daß sie durch nichts getrennt sind,[31a] so scheint es, daß sie von den Zeitpunkten der Punkttheorie nicht zu unterscheiden sind, daß man notwendig zu dieser Theorie hingeführt wird.

Dem ist jedoch nicht so. Im Gegensatz zur Punkttheorie behauptet nämlich die Atomtheorie folgendes. Erstens: sind irgendwelche verschiedene Konfigurationen K_0 und K_n derselben »Dinge« gegeben, so kann es nur abzählbar viele zu je zwei verschiedenen Konfigurationen geben, die »zwischen« K_0 und K_n liegen. Zweitens: ist K_0 zur Zeit t_0 und K_n zur Zeit t_n, und ist außerdem $(t_n\text{-}t_0)$ endlich, so ist auch die Anzahl der verschiedenen Konfigurationen zwischen K_0 und K_n endlich. Nun scheint allerdings die zweite Behauptung nichts als eine Tautologie zu sein, $(t_n\text{-}t_0)$ kann doch nur heißen: ZA_0,-ZA,-...-ZA_n und n = endliche ganze Zahl; nun sind aber die ZA_i nichts anderes als die verschiedenen Konfigurationen (denn wir kennen ja nur die »Dinge« der Konfiguration und sonst nichts). Und doch hat die Behauptung einen Sinn, weil sie keine Tautologie, sondern ein Existenzialurteil ist. Es wird nämlich behauptet, daß es möglich ist, zwei Konfigurationen zu finden, die nur durch endlich viele zu je beiden verschiedene Konfigurationen getrennt sind;[32] der »zeitliche Abstand« dieser Konfiguration wird dann »endlich« genannt. Das ist ein Existenzialurteil, denn die Punkttheorie leugnet eben diese Möglichkeit: werden irgend zwei verschiedene (wenn auch noch so »ähnliche«) Konfigurationen derselben »Dinge« gegeben, so gibt es immer (nicht abzählbar) unendlich viele Konfigurationen, die dazwischen liegen.

Eben aus diesem Grunde sagte ich oben, daß die Atomtheorie anschaulicher ist als die Punkttheorie. Denn wir können uns anschaulich offenbar nicht vorstellen, daß zwischen zwei Konfigurationen immer unendlich viele andere eingeschachtelt sind. Auch werden faktisch immer nur endlich viele solcher Konfigurationen beobachtet, und es ist irgendwie befriedigender zu glauben, daß es derer auch »an sich« nur endlich viele gibt, wenn auch viel mehr als faktisch beobachtet wurde.

Nun geht aus den obigen Ausführungen noch etwas hervor, was allerdings von vornherein klar war; daß es sich nämlich von der Zeit als solcher überhaupt nicht reden läßt. Denn immer müssen wir dabei etwas voraussehen, was sich ändert oder wenigstens ändern kann, und dieses etwas sowie dessen Änderung müssen irgendwo geschehen. »Irgendwo« sage ich, und meine es wörtlich: daß etwas muß im Raume sein.[33] So sieht man, daß die Spaltung der »Welt« in Zeit und Raum eine künstliche und gewaltsame, ja überhaupt eine undurchführbare ist. Und außerdem sieht man, daß wenn sich in der Zeit nichts ändern kann, so kann es sich wohl irgendwo anders, und zwar im Raume, ändern; oder, genauer gesprochen, daß man von Änderung nur inbezug auf die »Welt« reden kann.

Später muß das genauer erörtert werden. Aber vorläufig wollen wir versuchen, soweit es geht, den Raum für sich zu behalten und den Sinn der finitistischen Hypothese inbezug auf denselben zu formulieren. Wir fragen uns also: Was ist ein Raumatom?

Selbstverständlich ist es auch dem Raumatom wesentlich, unteilbar zu sein. Darum muß man dasselbe notwendigerweise als qualitativ homogen voraussehen. Denn wäre z.B. ein Teil des »Atoms« blau und ein anderes rot, so wäre dasselbe natürlich kein Atom mehr. Aus demselben Grund darf man auch von keiner Bewegung oder Änderung innerhalb des Atoms reden. Noch weniger aber von einer Bewegung des Atoms selbst, denn dann wäre dasselbe nur ein Ding im Raume. Da nun der Raum der

Voraussetzung nach nur aus Atomen »besteht«, so folgt daraus, daß sich auch im Raume nichts ändern kann. Doch ist das hier so selbstverständlich, daß man es gar nicht zu erwähnen brauchte: denn wenn manchmal geleugnet wird, daß jede Änderung den Raum voraussetzt, so ist es noch niemandem eingefallen zu bestreiten, daß jede (räumliche) Änderung die Zeit zur Voraussetzung hat.

Wie wir nun das Zeitatom nur fassen konnten, indem wir auf ein Etwas, das sich ändert, Bezug nahmen, so können wir auch das Raumatom nur begreifen, wenn wir das Etwas, das dasselbe »erfüllt«, noch hinzunehmen. Das ist jedoch ganz natürlich und richtig. Mathematisch läßt sich freilich eine diskrete Mannigfaltigkeit auch ohne Hilfe irgendeiner »heterogenen Materie« definieren, aber wir haben es hier nicht mit dem mathematischen, sondern mit dem physikalischen Raum zu tun. Und ein leerer Raum ist ebensowenig ein physikalischer Begriff wie eine Zeit, in der sich nichts ändert; schon aus dem einfachen Grunde, daß in einer »leeren« »Welt« für eine Physik kein Platz ist. Für die Physik ist der Raum nur der Ort der physikalischen »Dinge«, ebenso wie die Zeit nur der »Ort« der physikalischen Änderungen ist.[33a] Die Frage nach der Struktur des leeren Raumes ist also überhaupt kein physikalisches Problem. Das soll nun nichts mehr und nichts weniger bedeuten als dies: der Raum (und die Zeit) ist nur dann physikalisch, wenn er qualitative (im weitesten Sinne des Wortes) Unterschiede aufweist.

Ein Raumatom ist dann nichts anderes als eine homogene Qualität, sowie auch umgekehrt jede homogene Qualität als

Raumatom aufgefasst werden kann. »Homogen« muß dabei aber ganz streng verstanden werden.

Soll die homogene Qualität als Raum*atom* fungieren, so darf man in ihr nicht nur die Qualität eines Teiles von derjenigen eines anderen nicht unterscheiden können, sondern man darf überhaupt keine Teile der Qualität unterscheiden. Das würde aber heißen, daß die Qualität ausdehnungslos sein muß, und das Raumatom würde demnach mit dem Raumpunkt zusammenfallen.

Will man jedoch die »Existenz« einer ausdehnungslosen Qualität zugeben, so sieht man, daß dies doch nicht der Fall ist. Denn erstens sind je zwei Raumatome in dieser Bedeutung immer qualitativ verschieden, während alle Raumpunkte qualitativ identisch sind. Und zweitens kann man inbezug auf das Raumatom all das wiederholen, was oben vom Zeitatom gesagt wurde:[34] zwischen zwei Atomen gibt es immer nur abzählbar viele zu je beiden verschiedene Atome und außerdem ist es möglich, zwei Atome zu finden, zwischen denen nur endlich viele derartige Atome liegen.

Wenn aber diese Auffassung des Raumatoms möglich zu sein scheint, so ist sie doch wenig befriedigend und physikalisch wohl kaum zu verwenden. Unbefriedigend ist schon die »ausdehnungslose Qualität« als solche; noch unbefriedigender, ja unmöglich, scheint eine physikalische Interpretation derselben zu sein.[35] Aber die größte Schwierigkeit besteht darin zu erklären, wie eine endliche Zahl »ausdehnungsloser Qualitäten« etwas Ausgedehntes liefern könne. Dieselbe Schwierigkeit besteht natürlich auch für die Punkttheorie; dort fällt sie jedoch, wegen der geheimnisvollen »Mächtigkeit des Kontinuums«, weniger unangenehm auf. Ob und wie diese Schwierigkeit zu lösen sei, kann ich hier ununtersucht lassen, da ich eine andere Art des Raumatoms einführen will.

Gehen wir nämlich von der Existenz physikalischer Atome aus.[36] Viel wird freilich dadurch nicht gewonnen, aber doch etwas, und zwar ein in gewissem Sinne befriedigenderer und etwas anschaulicherer Ersatz der »ausdehnungslosen Qualität«. Außerdem ist es in formaler Hinsicht korrekter, von der atomaren Struktur der physikalischen »Dinge« auf den diskreten Charakter des physikalischen Raumes zu schließen als umgekehrt, da dieser ja nichts anderes als die Art physikalischer »Dinge« ist. Soll jedoch dieser Schluß möglich (wenn auch nicht notwendig) sein, so muß *jedes* physikalische »Ding« als aus Atomen bestehend gedacht werden. Man darf nicht materielle Atome und kontinuierliches Feld einander gegenüberstellen; und das heißt, daß man nicht nur elektromagnetische, sondern auch Gravitationsquanten annehmen muß. Diese Atome sind nun nicht ausdehnungslos, und es macht keine Schwierigkeit endlich (oder auch – allerdings abzählbar – unendlich) viele qualitativ verschiedene Atomtypen zu unterscheiden (z.B. Elektron und Lichtquant). Aber sie müssen prinzipiell unteilbar sein und daraus folgt, daß sie qualitativ homogen und (wie ich vorgreifend sage), da sie nicht nur Raum-, sondern »Welt«atome sind, absolut unveränderlich sind (ein Lichtquant hv und ein h(v-c) – wie gleich das endliche E auch sein mag – sind immer als zwei verschiedene Atome anzusehen).[37]

Wenn ich nun oben gesagt habe, daß der Begriff eines derartigen Atoms befriedigender und anschaulicher als derjenige der »ausdehnungslosen Qualität« ist, so war das natürlich nur relativ gemeint. »An sich« ist die Vorstellung eines absolut starren, unveränderlichen, unteilbaren, unzerstörbaren, ewig bestehenden Atoms mit großen Schwierigkeiten behaftet. Ich erwähne nur eine: das Atom wird als ausgedehnt (wenn auch »klein«) vorgestellt; was ist das aber für eine »Ausdehnung«, die prinzipiell unteilbar ist? Wie dem jedoch auch sei, so ist es jedenfalls eine (»psychologisch« aus dem Vorhandensein relativ fester Körper »erklärbare«) Tatsache, daß der Begriff des Atoms seit Jahrtausenden in allen Kulturkreisen verwendet wird, und noch vor wenigen Jahren von den meisten Physikern[38] als endgültig gesichert angesehen. Da nun hier nur eine physikalische Möglichkeit (und zwar ganz abgesehen von der Frage nach derer eventuellen Verwirklichung) verfolgen, so können wir diesen Begriff ruhig verwenden, auch in der erweiterten, alle physikalischen »Dinge« umfassenden, Form. Daß die finitistische Hypothese immer mit Schwierigkeiten verbunden sein wird, ist klar. Denn sonst würde sie längst zur Grundlage der Physik gemacht, während, wie ich glaube, sie in Wirklichkeit als solche kaum je fungieren wird. Die Frage kann ja nur sein, ob sie überhaupt durchführbar ist, und ob ihre Schwierigkeiten größer als diejenige der infinitistischen sind.

Will man diese Schwierigkeiten auf sich beruhen lassen, so ist, was den Raum allein anbetrifft, mit der Annahme physikalischer Atome im obigen Sinne, alles gesagt. Soll es keinen leeren Raum geben, sollen die Atome das »objektiv Wirkliche« sein, soll der Raum nur als Ort dieses »Wirklichen« angesehen werden, so hat die Idee des Kontinuums keinen physikalischen Sinn mehr. Es ist klar, daß es, wenn überhaupt, so doch nur abzählbar unendlich viele Atome geben kann, und daß es möglich ist, zwei Atome zu finden, zwischen denen nur endlich viele Atome liegen. Der Raum ist von den Atomen »ganz erfüllt«, das Raumatom ist nur der »Ort« des physikalischen Atoms.[39]

All das ist trivial, aber trivial ist es nur, solange wir den Raum allein betrachten. Nehmen wir eine Bewegung der Atome an, so sehen wir, daß dann deren Existenz die atomare Struktur des Raumes nicht mehr zur notwendigen Folge hat. Ja, es entsteht umgekehrt die Frage, ob die Bewegung der Atome nicht das Kontinuum voraussetzt. Die Frage muß nun untersucht werden, aber da wir es damit nicht mehr mit dem Raum, sondern mit der »Welt« zu tun haben, so können wir einen Augenblick halt machen und etwas anderes erörtern. Wir müssen angeben, was wir meinen, wenn wir die »Welt« als den »Ort« der (räumlichen) Änderungen physikalischer »Dinge« auffassen, und zwar ganz allgemein, unabhängig von der Frage nach deren Struktur.[40]

Ganz formal und abstrakt läßt sich die »Welt« folgendermaßen definieren: sie ist dasjenige, worin (räumlicher Ausdruck!) Identisches verschieden und Verschiedenes identisch sein kann.[41] Damit ist das Wesen der physikalischen oder gar anschaulichen (biologischen) »Welt« nicht erschöpft, aber es ist etwas angegeben, dem auch diese »Welt«-Typen genügen müssen. Ist uns irgendein »Ding« gegeben (z.B. ein Punkt oder ein Elektron), so können wir nur dann von zwei oder mehreren mit diesem »Ding« qualitativ (im weitesten Sinne) identischen »Dingen« reden, wenn dieselben räumlich verschieden sind.[42] Wird die Identität streng gemeint, so haben wir ja keine Möglichkeit zu unterscheiden, ob an einer Raumstelle zur Zeit t_0 und t »dasselbe« »Ding« A ist oder zu t ein mit ihm identisches »Ding« B seine Stelle einnimmt. Kann somit das sonst Identische nur räumlich verschieden sein, so kann umgekehrt das räumlich Identische (das an der Stelle A Befindliche) nur in der Zeit verschieden sein; zwei »Dinge« (identische oder verschiedene) können dieselbe Raumstelle nur nacheinander einnehmen.[43] Haben wir dagegen zwei oder mehrere in gewisser Beziehung (entweder qualitativ, wie z.B. Wasser und Eis, oder nur räumlich, wie z.B. »zwei« Punkte in A und B) verschiedene »Dinge«, so hat es nur dann einen Sinn, sie als dasselbe »Ding« zu betrachten, wenn sie zeitlich verschieden sind: ein »Ding« kann nicht *zugleich* die Qualität a und non-a haben, wohl aber nacheinander. Zeitlich (und qualitativ) Identisches kann also nur im Raume verschieden sein, räumlich (und qualitativ) Verschiedenes nur in der Zeit identisch; umgekehrt kann räumlich (und qualitativ) Identisches nur in der Zeit verschieden sein. Dagegen braucht zeitlich (und qualitativ) Verschiedenes nicht notwendig räumlich identisch zu sein, nur als Identisches zu erscheinen: »zwei« verschiedene »Dinge« können zu zwei verschiedenen Zeiten sich sowohl an derselben oder an verschiedener Stelle befinden und in beiden Fällen als ein und dasselbe »Ding« betrachtet werden. Hier greift der schwierige Substanzbegriff ein, der die Kontinuität der Welt zur notwendigen Voraussetzung hat. Da wir in diesem Zusammenhange von der speziellen Struktur der »Welt« absehen, so müssen wir den Substanzbegriff fallen lassen. Dann müssen wir sagen, daß zeitlich (und qualitativ) Verschiedenes nur inbezug auf den Raum identisch genannt werden kann.[44]

Wie dem aber auch sei, so sehen wir jedenfalls, daß man von der Identität verschiedener und der Verschiedenheit identischer »Dinge« nur unter Voraussetzung einer »Welt« reden kann. Damit wird zwar, wie gesagt, nicht das ganze Wesen der »Welt« ausgedrückt, wohl aber eine wesentliche Eigenschaft derselben. Wir wollen sie »Weltform« nennen. Die »Weltform« ist nichts anderes als die Menge von »Dingen«, die bei qualitativer Identität verschieden und bei qualitativer Verschiedenheit identisch sein können (wenn auch nicht brauchen),[45] wobei von dem Wie (Qualität) dieser »Dinge« abgesehen wird. Dagegen darf von den »Dingen« selbst (»Form« der »Dinge«) nicht abgesehen werden, denn dann wird das Wort »Welt« sinnlos. Insofern kann man sagen, daß die »Welt« ein »Ort« der »Dinge« ist, die »Weltform« – ein »Ort« der »Dingformen«. Nimmt man eine (endliche oder unendliche) Menge identischer »Dinge«, so ist sie etwas, das »Raumform« hat; ordnet man, nummeriert man dieselbe, so ist die Menge aller Nummernkombinationen etwas, das »Weltform« hat. Die »Zeitform« läßt sich ohne die »Raumform« gar nicht fassen, aber auch die zweite nicht ohne die erste, denn die »Raumform« ist ja eine Nummernkombination, d.h. die Menge der »Dinge« zu einer Zeit. (Eine Menge identischer, aber zu verschiedenen Zeiten bestehender »Dinge« macht keinen Raum aus). So ist die Spaltung der »Weltform« in eine »Raum-« und eine »Zeitform« nicht nur künstlich, sondern überhaupt undurchführbar.

Unter die »Weltform« fallen ganz verschiedene »Weltarten«. Zunächst kann man zwei »Welttypen« unterscheiden: die »realen« und »idealen« »Welten«.[46] Unter den »idealen Welten« verstehe ich dabei diejenigen, denen das sinnvolle Wort als »zugrunde liegendes Ding« dient. In der Tat kann dem Sinne nach Identisches wörtlich verschieden sein (z.B. Haus, [maison], ... usw., oder Pferd, cheval, horse oder Synonyme) und dem Sinne nach Verschiedenes wörtlich identisch (z.B. die Bedeutung des Wortes »gentleman« zu verschiedenen Zeiten, oder Homonyme als verschiedene Bedeutungen »desselben« Wortes). Das »sinnvolle Wort« ist der Begriff und so kann man die »ideale Welt« als den »Ort« der Begriffe bezeichnen, wobei wiederum eine Spaltung in »Sinn« und »Wort« immer in gewisser Beziehung künstlich und undurchführbar ist. Hier wollen wir jedoch von dem »idealen Welttypus« absehen und dessen Struktur, etwaige Unterscheidung von »Weltorten« und die Beziehungen zum »realen Welttypus« ununtersucht lassen.[47]

Was den »realen Welttypus« anbetrifft, so zerfällt er in drei (?) »Weltgattungen«, die durch die »Gattung« des Zugrundeliegenden unterschieden sind (sowie die »Welttypen« nach den »Typen« des Zugrundeliegenden).

Die erste Gattung bilden die mathematischen »Welten«. Charakteristisch ist für sie, daß alle ihnen zugrundeliegenden »Dinge« untereinander qualitativ identisch sind und sich nur durch ihre Position in der »Welt« unterscheiden. Das trennt sie von den anderen »realen Welten«. Von den »idealen Welten« unterscheidet sich die mathematische (wie übrigens alle »realen« überhaupt) dadurch, daß das »Zugrundeliegende« bei ihr nicht die »sinnvollen Worte« selbst sind, sondern das, was in den letzteren gemeint wird. So ist der mathematische Punkt nicht das Wort »Punkt« und auch nicht der Sinn dieses Wortes, sondern ein

Etwas, das doch irgendwie unabhängig vom Worte besteht.[48] In diesem Sinne ist ein Punkt insofern ein »Gegenstand«, weshalb er auch nur in Bezug auf ein Koordinatensystem fixiert werden kann. Doch ist seine Unabhängigkeit vom Worte eine ganz besondere; er darf mit einem physikalischen »Gegen-stande« nicht verwechselt werden. Der mathematische »Gegenstand« ist nicht dem »sinnvollen Wort« immer zugleich gegeben,[49] so daß ein mathematischer Begriff immer adäquat und gemeint ist. Die mathematische »Weltgattung« zerfällt in mehrere (unendlich viele) »Weltarten« usf. Am allgemeinsten ist die »Welt« als Menge identischer »Dinge« (qualitätsloser »Punkte«), die in gar keinem Zusammenhange miteinander stehen. Das ist z.B. die »Welt«, mit der Cantor zu tun hatte, als er die Punkte des Raumes von den Dimensionen auf die eines ein-dimensionalen ein-eindeutig abbildete.[50] Postuliert man irgendwelche Zusammenhänge zwischen den »zugrundeliegenden Dingen«, so wird, je nach der Art dieses Zusammenhanges einerseits das »Ding« bestimmt und anderseits eine bestimmte »Weltart« festgelegt, mit bestimmten Dimensionen. Zunächst entsteht die Scheidung stetiger und diskreter »Welten«. Die allgemeinste stetige »Welt« ist wohl die der Analysis situs, da vor ihr nichts anderes als eben ihre Stetigkeit vorausgesetzt wird. Man kann ferner gewisse Zusammenhänge der »zugrundeliegenden Dinge« wiederum als »zugrundeliegende Dinge« behalten, wodurch Linien-, Kugelräume usf. entstehen; spricht man von mehreren identischen »Welten« von u Dimensionen, so hat man eine »Welt« mit der Dimension (u-l).

Doch können wir hier die innere Gliederung der mathematischen »Weltgattung« nicht untersuchen.[51] Nur eines soll nun noch gestreift werden. Wir sprechen bis jetzt von der mathematischen »Welt«, während man gewöhnlich vom mathematischen Raume spricht. Nun ist es klar, daß ebenso wie die mathematische »Welt«, so auch die mathematische Zeit und [der] Raum von den physikalischen verschieden sind. Aber ich glaube, daß der mathematische Raum ebenso wenig »zeitlos« bestehen kann wie der physikalische. Denn erstens ist der Raum immer eine »Projektion« der »Welt«, ein »Schnitt« u t = const.; der Raum, als Menge identischer »Dinge«, ist ja nichts anderes als eine Menge *gleichzeitig* (oder, was dasselbe ist, ewig) bestehender »Dinge«. Die mathematische Zeit ist also schon dazu notwendig, nur die Einheitlichkeit (und Einzigkeit?) einer mathematischen Raumart zu ermöglichen. Ihre Rolle wird jedoch dadurch keineswegs erschöpft. Denn zweitens ist der Begriff der Transformation – ohne den eine mathematische Analyse des Raumes kaum durchgeführt werden kann – ein mathematisch-zeitlicher Begriff; die Menge aller zulässigen Transformationen einer mathematischen Raumart ist dann eine mathematische »Welt«. So wie nun die mathematischen Räume von anderen »realen Gattungen« dadurch unterschieden sind, daß die ihnen »zugrundeliegenden Dinge« untereinander qualitativ gleich sind, so ist aus eben demselben Grunde die mathematische Zeit von anderen »realen Zeitgattungen« unterschieden. Zwei durch zulässige Transformation auseinander entstehende Raumkonfigurationen sind verschieden; als »derselbe« Raum können sie nur in der mathematischen Zeit betrachtet werden. Aber verschieden sind sie nur inbezug auf den Raum, während sie inbezug auf die Zeit keine qualitativen Unterschiede aufweisen: die eine Konfiguration ist ebenso »wirklich«

wie die andere. In der mathematischen Zeit gibt es ein »Früher« und »Später« (?), aber diese sind dem »Rechts« und »Links« analog; so etwas wie ein »Jetzt« der physikalischen (und biologischen) Zeit, das von allen »Nicht-mehr« und »Noch-nicht« qualitativ verschieden ist, gibt es in der mathematischen nicht. Darauf beruht es, daß man eine n-dimensionale mathematische »Welt« immer als einen n-dimensionalen Raum auffassen kann, aber diesen letzteren wird man doch als eine »Projektion« einer »Welt« von (u-l) Dimensionen auffassen müssen, usf. ins unbestimmte. Dieser Tatsache haben wir schon Rechnung getragen, als wir oben sagten, die mathematische »Welt« wäre durch die qualitative Gleichheit der ihr »zugrundeliegenden Dinge« ausgezeichnet. Jetzt sehen wir, daß diese Eigenschaft auch bei der Spaltung der »Welt« erhalten bleibt. Das gilt dann auch für diejenige Zeit, die in der mathematischen explicite verwendet wird; ich meine die Zeit (der geometrischen Bewegungen = Transformationen) der Kinematik und Mechanik. Auch kinematische und mechanische »Welten« sind Arten der mathematischen »Weltgattung«. Die Bewegung eines Punktes in R_n kann immer als Kurve in R_{n-1} aufgefasst werden; die Bewegung eines mechanischen Systems von s-Freiheitsgraden kann man als Bewegung eines Punktes im Gibbsschen Phasenreime R_{2s}, d.h. als Kurve im R_{2s-1} deuten. Die Zeit wird nun insofern explicite hinzugezogen, als die verschiedenen Punkte dieser Kurve als »derselbe« Punkt erklärt werden; diese Zeit ist aber mathematisch, denn alle diese Punkte sind qualitativ gleich (ebenso »wirklich«). Inbezug auf ein Koordinatensystem kann man wohl von einem »Jetzt« der mathematischen Zeit reden, aber dieses »Jetzt« hat »die Natur« des »Hier«;

es kann immer in ein »Hier« verwandelt werden und umgekehrt. Das ist für die mathematische Zeit, Raum und »Welt« wesentlich und eben das unterscheidet sie von anderen »realen Weltgattungen«.

Als zweiten »Welttypus« haben wir nunmehr die physikalische »Welt« zu betrachten. Es war gar nicht lange her, als man den Unterschied zwischen mathematischer und physikalischer »Welt« überhaupt nicht kannte; der euklidische Raum galt als der einzige Ort sowohl der geometrischen Figuren als auch der »wirklichen Dinge«. Mit der Entdeckung nicht-euklidischer Raumformen wurde man sich bewußt, daß nicht jeder mathematische Raum im Sinne der Physik »wirklich« ist. Vor der aRTh [allgemeinen Relativitätstheorie] galt der euklidische als der »wirkliche« und schon dadurch war er als auch-physikalischer von anderen mathematischen Räumen ausgezeichnet. Physikalisch war er insofern, als er als ein adäquater Vertretungsbegriff betrachtet wurde; er war aber nicht »an sich«, sondern nur als »Sache-selbst« (d.h. hier Raum – Verstehen des Raumes) von dem mathematischen (auch als »Sache-selbst« genommen) verschieden. Dieser Standpunkt ist jedoch von vornherein mit einer Schwierigkeit behaftet. Während nämlich dem mathematischen Raume eine physikalische Bedeutung zugesprochen wurde, leugnete man die »objektive Wirklichkeit« der ihm »zugrundeliegenden Dinge« (Punkte, Flächen, usf.), sowie der in ihm vorhandenen mathematischen Gebilde, als deren »Ort« er in der Mathematik fungierte. Der physikalisch gemeinte, mathematische Raum wurde dafür mit »Dingen« erfüllt, die (zunächst wenigstens) gar keine mathematische Existenz besaßen (Materie, Elektrizität, Gravitation). Diese Schwierigkeit zeigt uns, daß die »Adäquatheit« des mathematischen Raumes nicht allzu wörtlich zu verstehen ist. Faßt man den mathematischen Raum als Menge mathematischer »Dinge« oder als eine Relation zwischen diesen (auch eine Menge ist übrigens eine Relation), so kann es jedenfalls nur eine Inkonsequenz sein, wenn man einerseits diesen Raum als einen adäquaten Vertretungsbegriff auffasst und anderseits diese »Dinge« weder adäquat noch gemeint nennt. Die physikalischen »Dinge« müssen erst in mathematische Vertretungsbegriffe verwandelt werden, um im mathematischen Raume Platz nehmen zu können. Aber diese Vertretungsbegriffe sind, wie ich schon früher sagte, notwendig inadäquat und »statistisch«, und es scheint, daß sich dieser Charakter auch auf den physikalisch gemeinten mathematischen Raum übertragen muß. Will man dagegen den Raum als einen »Ort« »objektiv wirklicher« aber begrifflich nicht gefasster Dinge auffassen, so wird er mit keinem mathematischen Raum identifiziert werden können. Dieser Raum wird aber überhaupt kein physikalischer sein, sondern ein »anschaulicher« (biologischer). Denn ein Ding wird erst dann ein eigentlich *physikalisches* »Ding«, wenn es erstens begrifflich gefasst wird und wenn zweitens der es fassende Begriff, der eigentümlichen Natur der physikalischen Intention zufolge,[52] zwar als ein Vertretungsbegriff, aber weder als adäquat noch als gemeint, sondern als »statistisch« verstanden wird. So scheint es, daß jede mathematische »Welt« nur dann eine physikalische sein kann, wenn sie als inadäquat, statistisch und vertretend verstanden wird.

Die erwähnte Schwierigkeit ist ganz allgemein. Sie besteht auch für die aRTh. Dieser ist es gelungen, sowohl die Gravitation (Einstein) als die Elektrizität (Weyl, Eddington) aus dem »wirklichen« in den (allerdings nicht-euklidischen, aber deswegen natürlich nicht weniger) mathematischen zu übertragen. Gibt man dem RTheoretiker zu, daß die Gravitations- und Elektrizitätsgesetze als adäquat zu meinen sind,[53] und gäbe es im »wirklichen« Raume nichts als Gravitation und Elektrizität, so könnte man einen (etwa Weyl'schen) mathematischen Raum als einen adäquaten Vertretungsbegriff auffassen. Nun gibt es aber leider noch so etwas wie Materie.[54] Man hat allerdings (nach Anregung von [Gustav] Mie) versucht eine reine Feld- (d.h. eben »Welt-«) physik aufzubauen, aber bis jetzt vergebens (und ich glaube, daß dies prinzipiell unmöglich ist). Hält man aber an dem Dualismus von Feld (d.h. »Welt«) und Materie fest, so ist die erwähnte Schwierigkeit wieder da; sie ist sozusagen nur »quantitativ«, nicht »qualitativ« aufgehoben.[55]

Damit haben wir aber, wie mir scheint, etwas aufgedeckt, was den physikalischen Raum nicht nur inbezug auf dessen Verstehen, sondern »an sich« von Mathematik unterscheidet. Ich meine die qualitative Verschiedenheit der ihm »zugrunde liegenden Dinge«. Hier erscheint sie in der Form des Dualismus von Feld und Materie: beide sind »im« Raume und beide voneinander wesensverschieden. Man braucht sich aber nicht an eine bestimmte physikalische Theorie zu halten; man kann den Dualismus in einen Pluralismus verwandeln.[56] »An sich« wird sich dazu ein physikalischer Raum von einem mathematischen dadurch unterscheiden, daß die ihm »zugrundeliegenden Dinge«

zwar in sich homogen, (im Unterschiede zum biologischen Raume aber untereinander qualitativ verschieden sind). Diese Behauptung muß erklärt werden.

Damit diese »Dinge« überhaupt einen Raum ausmachen, dürfen sie nicht alle untereinander verschieden sein. Es dürfen nur (zwei oder) mehrere verschiedene qualitative Kategorien bestehen; innerhalb jeder Kategorie müssen dagegen die »Dinge« identisch sein. Damit sie ferner nur einen Raum (und nicht ebenso viele Räume wie Kategorien) haben, müssen die »Dinge« mindestens in einer Beziehung miteinander übereinstimmen. In der angeführten dualistischen Theorie sind beide Forderungen in der Tat erfüllt. Dort unterscheidet man Elektronen, Protonen und Feld[57] als die drei Qualitätskategorien; alle Elektronen usf. sind untereinander gleich und die »Dinge« aller drei Kategorien stimmen darin überein, daß sie physikalische »Dinge« sind: allen kommt derselbe »Wirklichkeitscharakter« zu, alle sind im gleichen Sinne elementar und können aufeinander nicht zurückgeführt werden. Daraus sieht man, daß die Elektronen usf. nicht etwa den Figuren im mathematischen Raume analog sind. Denn man kann (wenn man die Punkttheorie zugrunde legt) den mathematischen Raum stets als Punktraum (mit bestimmten Zusammenhangsbedingungen) auffassen und ebenso die »Figuren« als Punktzusammenhänge interpretieren, während man weder Materie auf Feld noch Feld auf Materie zurückführen kann. Ein mathematischer Raum ist immer eine Menge identischer »Dinge«, während der physikalische eine Menge zum Teil und in gewisser Beziehung verschiedener »Dinge« ist.[58]

Das vom Raume gesagte läßt sich auf die »Welt« übertragen. Die physikalische »Welt« ist von der mathematischen insofern »an sich« verschieden, als die ihr »zugrundeliegenden Dinge« zwar in sich, aber nicht alle und in jeder Beziehung untereinander, qualitativ gleich sind. Inbezug auf die Zeit äußert sich das darin, daß die »Jetzt-Dinge« von den »Noch nicht« und diese von den »Nichtmehr-Dingen« qualitativ verschieden sind (was in der mathematischen Zeit nicht der Fall war). Auch in der physikalischen Zeit können zwar zwei oder mehrere verschiedene »Dinge« identisch sein, aber doch nicht schlechthin; identisch sind sie inbezug auf ihren physikalischen »Dingcharakter«, aber verschieden inbezug auf ihren (physikalischen) »Wirklichkeitswert«. Alle Raumkonfigurationen sind inbezug auf die zu diesem Raume gehörende Zeit insofern identisch, als sie Konfigurationen »desselben« Raumes sind. Aber qualitativ zerfallen sie in drei Kategorien: 1) die »nichtmehrseienden«, 2) die »(jetzt)seienden« und 3) die »nochnichtseienden«.[59] So sind die der physikalischen »Welt« »zugrundeliegenden Dinge« in zweifacher Weise qualitativ verschieden: inbezug auf den Raum nach deren immanenten Qualitätsunterschieden und inbezug auf die Zeit nach deren Wirklichkeitswert.

Nun ist aber eine »Welt« die Menge aller Konfigurationen ihres Raumes: in ihr gibt es kein eigentliches Nacheinander, ihr »Nacheinander« ist dem räumlichen Nebeneinander analog.[60] Von einem »objektiven« Werden in der »Welt« darf man nicht reden, da das Gewordene in ihr bereits enthalten ist. Das ist nun ganz natürlich, denn sobald man die Zeit als *ein Ganzes* betrachtet, verwandelt sie sich in eine (wenn auch ausgezeichnete)

Raumdimension. Man kann zwar (vielleicht) durch Analoge eines bestimmten Zusammenhanges zwischen Konfigurationen eine Richtung der »Welt« inbezug auf die Zeitachse als allein zulässige fest legen (damit hätten wir wenigstens formal der Irreversibilität Rechnung getragen), aber ein »Werden« gewinnen wir auf diese Weise nie. In der Unterscheidung der oben erwähnten drei »Wirklichkeitswerte« konnte zwar der Zeitcharakter der »Welt« zur Geltung [kommen]: die Jetztkonfiguration wird als die einzige ohne Vorbehalt »seiende« bezeichnet, während alle anderen entweder »nichtmehr-« oder »nochnichtseiende« sind. Aber auf diese Weise haben wir sozusagen nur eine der Zeitlichkeit Rechnung tragende Momentaufnahme der »Welt«; das Werden fehlt auch jetzt. Denn erstens ist nur eine einzige mit sich identische und starre Konfiguration ausgezeichnet und zweitens »sind« die anderen in gewisser Weise doch »da«. Und das gilt ganz allgemein, ganz gleich ob wir die »Welt« als eine stetige oder diskrete Mannigfaltigkeit auffassen.

Ein »Werden« kann in der »Welt« nur darin bestehen, dass verschiedene Konfigurationen nacheinander den »Jetztwert« erhalten. Aber was heißt »nacheinander«, wenn man die Zeit bereits in der »Welt« eingeschlossen hat? Wer »erteilt« den Jetztwert? Eine »Änderung« besteht ja nicht aus einer Konfiguration, sondern aus dreien; einer nichtmehr-, einer jetzt- und einer nochnichtseienden; sind die drei Konfigurationen verschieden, so haben wir eine Änderung im eigentlichen Sinne des Wortes (Bewegung), sind sie identisch, so haben wir ein Beharren in der Zeit (Ruhe). Diese Tatsache wird durch die drei »Wirklichkeitswerte« in der physikalischen »Welt« zum Ausdruck gebracht. Aber damit haben wir doch nur die »ruhende« Form der Änderung, nicht die Änderung selbst. In dieser wird das Jetztseiende ein Nichtmehr-, das Nochnicht- ein Jetzt-seiendes usf. Aber »wo« und für wen vollzieht sich diese Bewegung des »Jetztspaltes«?

Nun kann man natürlich sagen, daß das Werden »nur subjektiv« sei, daß es nur das »Bewußtsein« ist, das der »Welt« entlang vorbeigleitet. Aber so etwas wie »Bewußtsein« ist sicherlich kein physikalisches »Ding« und so kann es auch im physikalischen Raume gar nicht vorhanden sein; ebenso wenig kann es sich in der physikalischen Zeit, die ja als Ganzes in der »Welt« enthalten ist, irgendwie »bewegen«.

Hier stoßen wir wiederum an das, was für die ganze Physik wesentlich ist. Die Physik (wic jede Wissenschaft) spaltet die »Sache-selbst« in »Subjekt« und »Gegen-stand« und schreibt dem letzteren eine »objektive Wirklichkeit« zu. Trotzdem bleibt natürlich der »Gegenstand« seinem Wesen nach an ein »Subjekt« gebunden, für welches aber in der Physik gar kein Platz ist. Und genau dasselbe wiederholt sich inbezug auf die physikalische »Welt«. Nun wissen wir, daß die »Subjekt-Objekt«-Problematik in der Physik durch Einführung der Koordinaten »unschädlich« gemacht wird. Inbezug auf die »Welt« heißt das: man nimmt ein Koordinatensystem, bezeichnet den Raum t = cons. als »Jetztkonfiguration« und variiert dann die t-Konstante. Und da das Koordinatenproblem kein physikalisches Problem ist, so braucht sich die Physik um Fragen wie diese – wer und »worin« variiert die Konstante – gar nicht zu kümmern.[61]

Doch wird auf diese Weise die Schwierigkeit natürlich nur rein formal umgangen. Das Werden, die drei »Wirklichkeitswerte«, bleiben leere Intentionen. Die (mathematische) Physik kennt (sofern sie eben mathematisch ist) keine (eigentliche) Änderung: ein Elektron von gestern »ist« für sie genauso »da« wie »dasselbe« Elektron von heute oder von morgen. Sie *meint* aber nur ein Elektron, nicht deren (unendlich oder endlich) sich [sic!] oder eine »Elektronenröhre«. So ist auch das Kausalprinzip ein wesentlich mathematischer Begriff (Differenzialgleichung mit ausgezeichneten t-Variablen), der also in der Physik als Vertretungsbegriff fungiert. Und auch dieser ist weder adäquat noch gemeint; denn ihm zufolge wirkt ein Etwas, das physikalisch nicht mehr da ist, auf ein Seiendes, oder ein Seiendes auf etwas, das noch nicht vorhanden ist. Das Kausalgesetz schließt das eigentliche Werden aus. Die Zeit der Kausalität ist wesentlich mathematisch; nur das Vorhandensein der leeren »Wirklichkeitswertintentionen«, die sie in einen inadäquaten Vertretungsbegriff verwandeln, prägt ihr einen physikalischen Charakter ein.[62]

Doch müssen wir abbrechen. (Das Obige ist ganz unzureichend. Umarbeiten!) Es hat sich herausgestellt, daß eine Änderung nicht nur in der Zeit und im Raume getrennt betrachtet, sondern auch in der »Welt« möglich ist: sie vollzieht sich sozusagen »jenseits von Raum und Zeit«. Wenn man sagt, die physikalische »Welt« sei der »Ort« der Änderungen, so hat das nur folgende Bedeutung: 1) sie ist eine Menge verschiedener Raumkonfigurationen, die Konfigurationen desselben Raumes sind; 2) diese Raumkonfigurationen sind als »Nichtmehr-«, »Jetzt-« und »Nochnichtseiende« qualitativ verschieden; 3) auch die der Raumkonfiguration »zugrundeliegenden Dinge« zerfallen in zwei oder mehrere verschiedene Qualitätskategorien; 4) innerhalb jeder Kategorie sind die »Grunddinge« identisch; 5) alle »Grunddinge« sind in sich qualitativ homogen; 6) die »Welt« läßt sich auf ein beliebiges (bewegliches) Koordinatensystem bereiten. Das ist also die physikalische »Weltgattung«, im Unterschiede zu der mathematischen und biologischen.

Die physikalische »Weltgattung« umfasst mehrere »Weltarten«. Erstens inbezug auf die Qualität der »Grunddinge«; zweitens inbezug auf die Art der Zusammenhänge derselben. (Diese Zusammenhänge physikalischer »Grunddinge« werden physikalische Gesetze genannt). Da jedoch die physikalische »Welt« als ein Vertretungsbegriff gemeint ist, so kann es sinngemäß nur eine im eigentlichen Sinne physikalische »Welt« geben. Da aber der Vertretungsbegriff inadäquat ist, so werden im Laufe der historischen Entwicklung der Physik verschiedene »Weltarten« als eigentliche betrachtet. Eine im absoluten Sinne adäquate »Vertretungswelt« gibt es wohl nicht; wahrscheinlich wird es auch keine endgültig eigentliche geben.[63]

Neben der mathematischen und physikalischen gibt es noch eine dritte (und letzte?) »Weltgattung«. Es ist diejenige, die ich die »biologische«[64] nennen möchte. Diese »Welt« ist der »Ort« der Dinge ohne Anführungszeichen, der Dinge im (eigentlichen und) gewöhnlichen Sinne des Wortes. Sie ist der »Ort« der Sterne, der Planeten, der Berge, der Steine usf., aber auch der Pflanzen, Tiere und Menschen (als bloße Lebewesen betrachtet). Ich habe sie eine »biologische« genannt, aber sie ist nicht nur die Welt der Biologie, sondern auch der bestreitenden Astronomie, der Geografie, usw. sie ist auch die »Welt« des »nur lebenden« Menschen.

Auf Grund dieser Aufzählung allein kann man schon deren Unterschied von der physikalischen (und eo ipso von der mathematischen) rein formal angeben: die ihr »zugrundeliegenden« Dinge sind nicht mehr in sich qualitativ homogen[65] (so sind sie im vollen Sinne des Wortes ausgedehnt). Außerdem werden hier die »Wirklichkeitswerte« verschärft. Hätte ich heute eine Tasse zerbrochen, so ist die ganze Tasse von gestern in allem Ernst nicht mehr da, und ebenso wenig die getötete Katze, die »noch eben« über die Straße lief. Nur in den Scherben, in der Leiche, wird das Da des Nicht-mehr für eine mehr oder weniger lange Zeit erhalten; dann ist es mit dem Ding endgültig aus. Auch das noch nicht gezeugte Kind ist schlechthin nicht da und wird nie sein, wenn es nicht gezeugt sein wird; während in dem physikalischen Raume die »Bausteine« des künftigen Kindes (natürlich ungenau gesprochen, denn dort gibt es eben überhaupt keine »Kinder«) seit aller Ewigkeit da sind und ewig sein werden, ist im biologischen Raume das ungezeugte Kind nirgends anzutreffen. Oder vielmehr: so soll es sein und so ist es wiederum nicht. Denn in der biologischen »*Welt*« »ist« die zerbrochene Tasse genauso »da« wie die ganze, und wie das Kind, das erst in hundert Jahren geboren sein wird. Und doch meine ich nicht (endlich oder unendlich) viele »Tassen«, sondern nur eine einzige, und das Kind des 21. Jahrhunderts kann mir (direkt wenigstens) weder schaden noch nützen. So treffen wir hier dieselbe Problematik an, die uns inbezug auf die physikalische »Welt« entstand. Aber wiederum ist sie hier wie dort nur »an sich« (oder für uns), aber nicht »für sich« da: weder die Biologie (und die ihr analogen Wissenschaften) noch das bloße Leben kümmerte sich um sie. Die Problematik wird auch hier durch Einführung einen Koordinatensystems ausgeschaltet, nur daß hier als ein solches nicht ein mathematisches Gebilde, sondern der lebendige Mensch fungiert.[66]

Es ist klar, daß die Struktur der biologischen »Welt« von der Struktur der physikalischen und mathematischen grundverschieden sein muß. Schon ihre »Grunddinge« sind von einer ganz anderen Natur. Dann aber ist für sie noch folgendes besonders charakteristisch: sie ist nicht nur die »Welt« der Biologie, sondern zugleich auch die »Welt« der Biologen. Freilich nicht des Biologen qua Biologen, sondern des »nur lebenden« Menschen, aber auch das ist wichtig und neu: denn in der physikalischen »Welt« gibt es nicht nur keine Physiker, sondern auch keine Menschen. Die physikalische »Welt«, d.h. die »Welt« der Physik, ist ein (wenn auch dem Wesen der Physik nach ein notwendig inadäquater) Vertretungsbegriff[67] der physischen »Welt«, als der »Welt« der »physischen Dinge« (Elektronen usf.). Auch die biologische »Welt«, d.h. die »Welt« der Biologie, ist natürlich nur ein Vertretungsbegriff (der jedoch wohl adäquat und gemeint ist) der »bioschen« (physikalisch-physisch; biologisch-??) »Welt«, als der »Welt« der lebendigen Dinge; aber vom Standpunkte der Biologie ist der Biologe selbst ein Ding dieser letzteren,[68] während vom Standpunkte der Physik der Physiker überhaupt nicht existiert. Freilich sind sowohl die »bio-sche« als die physische »Welt« beide nur Abstraktionen: der Biologe kann in der ersten ebensowenig Biologie treiben, wie der Physiker in der zweiten leben kann. (Übrigens sind die Elektronen des Physikers als eine Elektronenkonfiguration in seiner »Welt« vorhanden; es fehlt dagegen nicht nur der denkende und lebende Mensch, sondern auch die Konfiguration.). Sie *existieren* nur sofern sie biologische und physikalische »Welten« sind, und zwar im Bewußtsein konkreter Biologen und Physiker (auch Biologie- und Physikstudierender, natürlich). Aber die »bio-sche« »Welt« ist doch sozusagen »konkreter« als die physische (so wie diese »konkreter« als die mathematische ist), und eben diese »Konkretheit« soll man aus der Struktur der biologischen »Welt« herauslesen. (Mit dem Hinweis auf die qualitative Inhomogenität der »Grunddinge« ist natürlich nur der erste Schritt dazu getan).

Hier soll die Analyse der Struktur der biologischen »Weltgattung« nicht näher verfolgt werden. (Ich habe vorläufig nicht viel darüber zu sagen. Doch erst später nachdenken! Natürlich muß man erst alle »Weltgattungen« verstehen, um über eine davon sinnvoll reden zu können.) Die »Arten« derselben (die »Welten« der Geografie, Geologie, Biologie, Psychologie usf. und ihre historische Entwicklung) sollen ebenfalls ununtersucht bleiben. Nur einige allgemein erläuternde Bemerkungen seien hinzufügt.

Wenn ich Biologie und Physik unterscheide, so hat das mit dem Problem des Vitalismus nichts zu tun. Die »vitalistischen« und »mechanistischen« »Welten« sind nur »Arten« der biologischen »Weltgattung«, sowie zu dieser nicht nur diejenige der eigentlichen Biologie, sondern auch die der Geografie usw. gehört. Worauf es dabei ankommt, kann an einem Beispiel deutlich gemacht werden. Nehmen wir an, man hätte eine ideale Physik, die etwa nur Elektronen, Gravitationen usf. kennt, nur mit ihnen arbeitet und »alles« auf sie zurückführt; trotzdem wäre damit für die rein geografische Beschreibung eines Landes nichts gewonnen; der Unterschied zwischen den beiden Wissenschaften würde nach wie vor bestehen, und die Geografie wäre keineswegs überflüssig gemacht. Und genau das gleiche gilt inbezug auf die Biologie. Nehmen wir an, die Physik hätte den Zustand der »Welt« (nicht nur als »Ort« der an-organischen, sondern auch der organischen) zur Zeit t_0 auf eine Konfiguration der physikalisch »objektiv wirklichen Dinge« zurückgeführt; sie hätte ferner eine Differenzialgleichung aufgestellt, die es ihr erlaubt, alle anderen Konfigurationen aus dieser eindeutig abzuleiten; wäre damit die Biologie aufgehoben? Keineswegs, und zwar schon aus folgendem Grunde. Ein Organismus ist nichts weniger als ein *isoliertes* physikalisches System (allerdings betrachtet auch die Biologie immer nur: Organismus + Umwelt! – Nachdenken!) und so ist es prinzipiell nicht möglich, aus dessen Zuständen zur Zeit t_0 etwas auf seinen Zustand zur Zeit $t_{\pm n}$ zu schließen. Ja, noch mehr: da es kein isoliertes System ist, so ist es rein physikalisch als System, d.h. eben als Organismus, überhaupt nicht da; – die Physik kann demnach die Biologie nie ersetzen. Und will man ganz radikal sein, so muß man sagen: die Physik kennt nur Konfigurationen des Gesamtraumes, und kann prinzipiell (wenn überhaupt so nur) von einer solchen Konfiguration auf eine andere schließen; – eigentliche Dinge kennt sie nicht, diese sind aus der biologischen Welt in sie übergeführt worden, und das ist eine Inkonsequenz, die im Ideal verschwinden muß.

So wird es klar, warum wir die betrachtete »Weltgattung« eine biologische genannt haben. Nicht weil Organismen nur auf Bergen, in Flüssen, Seen usf. leben können, sondern weil es Berge und Flüsse, ja überhaupt qualitativ homogene, ausgedehnte Dinge nur inbezug auf Organismen geben kann.[69] Gäbe es keine Organismen, dann wäre die physische »Welt« die allein wirkliche, aber dann gäbe es auch keine Sterne usf. Da es ja doch Organismen gibt – und das zu leugnen wäre nichts anderes als zu sagen, es gäbe keine Sonne, keine Wärme, keine Steine usf. – so ist die physische »Welt« nur eine »Abstraktion«, freilich eine solche, die »sofort« zur konkreten Existenz wird, sobald das letzte Lebewesen gestorben ist.[70]

Nur sagte ich schon, daß auch die »biologische« »Welt« eine Abstraktion ist; und zwar weil es in ihr wohl Dinge und Lebewesen, aber kein Denken und Reden, keine Menschen im vollen Sinne des Wortes gibt. Gäbe es kein Denken, so wäre die »biologische« Welt eine existierende Wirklichkeit, genauso wie die physische, wenn es keine Organismen gäbe, oder im gewissen Sinne die mathematische, wenn keine »Materie« existierte. Aber dieser Satz ist freilich nur sozusagen »zwischen den Zeilen« richtig, denn streng genommen ist er sinnlos, etwas noch viel Schlimmeres als ein viereckiger Kreis. Denn indem ich von einer »Welt« rede, in der keine Rede ist, so rede ich über etwas, worüber sich prinzipiell nicht reden läßt. Sobald ich rede und eben weil ich rede, wird diese redenlose »Welt« zu einer Abstraktion. Ich kann über sie nur reden, sofern ich in einer redezulassenden »Welt« existiere, sofern also diese »Welt« existiert, und die redelose »Welt« *existiert* nur in meinem Reden über sie, d.h. maW – sie ist nur eine Abstraktion.[71] »Subjektiv« gewendet heißt das: ich rede nur über das, worüber ich rede, erkenne nur das, was ich erkenne, usf.; »objektiv« gewendet –: das, worüber ich rede, ist etwas, worüber ich rede, usw. Diese bemerkenswerte Tautologie (d.h. absolute Wahrheit) ist es, die dem

Idealismus zugrunde liegt. Sie darf jedoch nicht irgendwie »idealistisch« gedeutet werden, als ob Sein und Denken dasselbe wäre oder gar als ob etwas nur existieren könne, sofern es von einen »Subjekt« (speziell: Menschen, noch spezieller: wir) erkannt wird. Die »realen Welten« sind nicht a priori abstrakt, nicht aus dem Grunde, daß es in ihnen kein Denken gibt; abstrakt sind sie nur a posteriori: weil es ein Denken gibt und weil es in ihnen so etwas nicht geben kann. Aus demselben Grunde und auch a posteriori abstrakt sind anderseits die »idealen Welten«; weil es so etwas wie Steine gibt und so etwas wiederum in ihnen nicht vorhanden sein kann. Auch sie *existieren* nur in der wirklichen (Rede und Materie zulassenden) »Welt«, »Existieren« verstehe ich dabei ganz wörtlich und streng als ein »hier-jetzt Existieren«. Nun ist die »Hier-jetzt-Welt« nicht nur die, in der dieser Schreibtisch steht, in der ich meine Hand bewege und auf diesem Papier diese Zeichen male, sondern auch die, in der ich sinnvolle Worte denke und schreibe (oder wenigstens denken und schreiben möchte). Nur diese »Welt« *existiert*, etwas von dem Aufgezählten kann nur »fehlen«, sofern ich davon abstrahiere; abstrahiere ich, so habe ich eine abstrakte »Welt (und zwar ganz gleich, ob ich von der Tinte oder vom Worte abstrahiere).

In der existierenden wirklichen Welt (jetzt können wir endlich die Anführungszeichen fallen lassen) gibt es also sowohl Dinge als Worte. Sie gehört sowohl zum »realen« als zum »idealen Welttypus«. Beide Typen *existieren* in ihr und nur in ihr, und so ist sie nichts anderes als die existierende »Weltform« (»erfüllte Weltkategorie«), die wiederum als solche nur in ihr existiert. Da nun der Mensch und nur[72] der Mensch in beiden »Welttypen«

»lebt«, und da ferner die »Welt« existierende Welt geworden ist erst nachdem wir den Menschen qua Menschen in sie aufgenommen haben, so können wir die wirkliche Welt auch menschliche Welt nennen. Nun könnte man meinen, es gäbe noch eine »anthropologische Welt« als (adäquaten) Vertretungsbegriff der menschlichen.[73] Dem ist jedoch nicht so, wenn man unter »anthropologisch« soviel wie »philosophisch« versteht. Die Philosophie hat es ja nicht mit »Gegen-ständen« sondern mit »Sachen-selbst« zu tun. Und [da] zur »Sache-selbst« nicht nur die »Sache«, sondern auch die »Nicht-sache« und das Verstehen der »Sache« (Unterschied zwischen beiden), d.h. auch das philosophische Verstehen, gehört, so ist Philosophie die »Sache selbst« und die »Sache-selbst« – die Philosophie. Inbezug auf die Welt heißt das: die Welt der Philosophie ist die auch-philosophisch verstandene wirkliche Welt; gibt es aber ein philosophisches Verstehen der Welt, so ist diese nur als philosophisch verstanden wirklich. Die »philosophische Welt« fällt also mit der wirklichen zusammen und in diesem Sinn kann die menschliche, wirkliche Welt als auch die philosophische bezeichnet werden. Aber freilich gilt das nur inbezug auf die ideale Philosophie, welche aus dem einfachen Grunde nie verwirklicht werden kann, weil ihre Vollkommenheit gerade darin besteht, daß sie nicht als eine »Wissenschaft« neben anderen vorhanden ist, sondern mit der Wirklichkeit zusammenfällt. Die ideale Philosophie ist die Philosophie des nachredlichen Schweigens und ihre Idealität besteht darin, daß sie als solche überhaupt nicht da ist; sie ist zwar nicht das bloße Leben, aber wohl das bloße sinnvolle

Leben der Welt, oder, was dasselbe ist, sie ist die sinnvoll lebende Welt selbst.

Die *in* der Welt neben anderen bestehende Philosophie – man kann sie kurz »Auch-Philosophie« nennen – ist dagegen nicht nur (und manchmal – vielleicht? – überhaupt kein) sinnvolles Leben, sondern auch sinnvolles Reden über die Welt. Sie intendiert (als »ideale Philosophie zweiten Ranges«) ein adäquates Beschreiben der Welt, in die auch dieses Beschreiben selbst eingeht. In diesem Sinne ist die philosophische Welt allerdings ein Vertretungsbegriff, der nur in der faktischen Rede (im weitesten Sinne des Wortes) *existiert*. Als existierend kann sie zum »Gegen-stand« einer Wissenschaft (?) – der Geschichte der Philosophie, des Verstehens, des Nachsagens, der Darstellung – gemacht werden. Da aber die philosophische Welt »an sich« nichts anderes ist als die philosophisch verstandene und beschriebene wirkliche Welt, d.h. ein »System« der Philosophie, so kann man über sie nur reden, indem man dieses »System« schafft. So muß ich hier also abbrechen.[74]

Nach diesen Zwischenbemerkungen können wir nun die Analyse der diskreten physikalischen »Welt« weiter verfolgen.

Die Welt ist der »Ort« der Bewegungen im weitesten (aristotelischen?) Sinne des Wortes, d.h. der Änderungen im Raume, der Änderung des Räumlichen. Wir wissen, wie das zu verstehen ist. Eigentlich *wird* die »Welt« nicht; sie ist einem vierdimensionalen Raume analog. Eine Bewegung ist die Menge dreier (mindestens) Konfigurationen »derselben« Raumatome (die in sich homogen sind, aber mindestens in zwei qualitativ verschiedene Kategorien zerfallen), von denen einer der »Wirklichkeitswert«

des Jetztseins zukommt, während die anderen die Werte des Nochnicht- und des Nichtmehrseins besitzen. Wir wollen aber nicht annehmen, daß die Jetztkonfiguration die Nochnichtseinkonfiguration eindeutig bestimmt. Alle Konfigurationen mögen »an sich« in der »Welt« bereits vorhanden sein, aber »für uns«, d.h. inbezug auf ein bestimmtes Koordinatensystem (von dem wir Gebrauch machen, ohne es zum Problem zu erheben), seien nur die Jetzt- und die Nichtmehrkonfigurationen gegeben. Die Bewegung besteht dann darin, daß die Jetztkonfiguration zu einer Nichtmehrkonfiguration gemacht wird, während eine neue Konfiguration den Wert des Jetzt erhält. Wir werden dann bestimmen, ob und unter welchen Voraussetzungen man von der Bewegung »derselben« Atome reden kann. Wir spalten die »Welt« in Raum und Zeit.

Wir beginnen mit dem einfachsten Fall. Es sei ein (in sich homogenes, unteilbares) materielles Atom (M-Atom) gegeben, während der übrige Raum leer bleibt. Das können wir auch so ausdrücken: außer dem M-Atom haben wir eine Menge in sich und untereinander qualitativ homogener »leerer« Atome (L-Atome). Wir nehmen an, daß das M-Atom (sowie jedes L-Atom) ein Raumatom ausfüllt; kleiner kann es überhaupt nicht sein, und wenn es größer ist, so ist es nicht prinzipiell unteilbar. Alle Atome bleiben zu allen Zeiten mit sich selbst qualitativ identisch.

Es ist klar, daß unter diesen Voraussetzungen eine Änderung nur die Form einer Ortsveränderung des M-Atoms haben kann, die wiederum nur inbezug auf ein Koordinatensystem einen Sinn hat. Wir denken uns also ein K-System irgendwie gegeben, inbezug auf welches jedem Raumatom drei (und jedem »Weltatom«

vier) ganze Zahlen zugeordnet sind. Wir stellen eine Raumkonfiguration fest, in der das M-Atom das Raumatom RA_{abc} einnimmt, während alle anderen RA mit L-Atomen angefüllt sind, und sagen, diese RK [Raumkonfiguration] fülle das Zeitatom ZA_t aus (MA ist in $WA_{abc,t}$). (Zur Abkürzung schreiben wir: für RA_{abc} – RA_r und für $WA_{abc,t}$ – WA_{rt}; RA_{r+1}, ZA_{t+1}, WA_{rt+1} heißen die zu RA_r, ZA_t und WA_{rt} unmittelbar benachbarten Atome; RA_{r+n} usw. – von RA_n beliebig verschiedenen Atome. Wir unterscheiden: $WA_{(r+k)t}$, $WA_{r(t+k)}$ und WA_{rt+k} – k = i oder n.) Wären nur die Raumachsen geeicht, so würde ZA_t so lange dauern, als MA in RA_r bleibt, denn wegen der Gleichheit der L-Atome können wir eine etwaige Ortsveränderung derselben überhaupt nicht feststellen. (Für uns fallen also die LA mit den RA zusammen). Dann hätte aber auch der Begriff der Ruhe gar keinen Sinn; denn wir können von ZA_{t+1} nur reden, wenn MA nichtmehrseiend in RA_z und als jetztseiend in RA_{r+n} ist. So müssen wir uns alle vier Achsen a priori geeicht denken.

Bleibt das MA zu allen Zeiten in RA_r, so ruht es (inbezug auf das K-System) »absolut«; ist es zu ZA_{t+n} in RA_{r+n}, so hat es sich bewegt. In beiden Fällen reden wir von *demselben* M-Atom, das sich am selben bzw. an verschiedenen Orten zu verschiedenen Zeiten befindet. Diese Rede hat hier offenbar nur dann einen Sinn, wenn wir annehmen, daß alle Atome ihre Qualität zu allen Zeiten bewahren, und diese Voraussetzung kann nicht weiter begründet werden. Dann müssen wir aber auch von einer Bewegung der L-Atome reden, obwohl wir die Bewegung eines LA nicht fassen können.[75] Man kann aber eine dieser äquivalente Voraussetzung machen, indem man statt von der Bewegung der Substanz von der Bewegung der Qualität redet. Man kann nämlich sagen, in RA_r befinde sich dasselbe Atom, das nur zu ZA_t die Qualität M, zu LA_{t+1} dagegen die Qualität L besitzt, wobei es dann vorausgesetzt wird, daß zu LA_{t+1} einem und nur einem anderen (zu ZA_t die Qualität L habenden) Atom die Qualität M notwendig zukommen muß. In diesem Falle hätten wir also keine eigentliche Bewegung, sondern nur [eine] Qualitätsänderung der Raumatome. Doch ist der Unterschied bei unseren Voraussetzungen nicht bedeutend, denn es handelt sich nur darum, ob wir dem Atom qua Atom oder Qualität also solcher die Substanzeigenschaft zuschreiben; man kann so mit demselben Recht von einer Bewegung der Qualität reden. Die Sache ändert sich aber, wenn wir annehmen, daß unser M-Atom zu verschiedenen Zeiten qualitativ verschieden (etwa positiv oder negativ geladen) sein kann. Dann wäre nur die Erhaltung des Nicht-L-seins gefordert und es hätte keinen Sinn mehr, von der Bewegung einer Qualität zu reden. Es würde zu künstlich sein, von einer Bewegung des Unterschiedes von der L-Qualität zu sprechen und so sagt man (womit freilich im Grunde dasselbe gemeint ist), daß wir es mit einer mit Qualitätsänderung verbundenen Bewegung desselben Atoms zu tun haben.

Und doch ist bei der Voraussetzung einer diskreten »Welt« die qualitative Formulierung befriedigender. Erstens muß nämlich das Atom, das zu LA_t in RA_r ist, zu ZA_{t+1} notwendig in RA_{r+n}, mit r = 0, 1, r, ... sein, während r = $^1/_2$, $^5/_3$, 2, usw. ausgeschlossen ist. Unter diesen Umständen ist es nun natürlicher anzunehmen, daß z.B. zu LA_t dem RA_r die Qualität M und den RA_{r+1} die Qualität L zukommt, zu LA_{t+1} dagegen umgekehrt, anstatt zu sagen, daß ein M-Atom RA_z und RA_{r+1} nacheinander ausgefüllt hat.[76] Zweitens ist die Beharrlichkeit der Qualität eines Atoms zwar gefordert, aber prinzipiell nicht festzustellen. Denn das Atom zu ZA_t in RA_r mit der Qualität M, zu ZA_{t+1} in RA_{r+1} mit der Qualität L, während das L-Atom in RA_r die Qualität M erhält, so können wir nun von der Ruhe »des« Atoms M reden. Der Substanzbegriff verliert jeden Sinn, wenn man von *allen* Attributen der Substanz absieht; will man sie als das Beharrende im Wechsel *aller* ihrer Attribute ansehen, so kann das Beharren nur räumlich gemeint sein, und dann ist sie nichts anderes als ein Ort, d.h. in unserem Falle ein Raumatom, das seine Qualität ändert.

Die sachgemäße Natürlichkeit der qualitativen Auffassung wird noch einleuchtender, sobald wir zum komplizierteren Falle übergehen und nicht mehr ein, sondern mehrere M-Atome betrachten. Denn dazu haben wir gar keine Möglichkeit mehr, ein bestimmtes Atom festzuhalten (wenigstens solange wir keine *spezifischen* Bewegungsgesetze voraussetzen), auch dann nicht, wenn wir gewisse einschränkende Bedingungen postulieren. Wenn wir z.B. fordern, daß ein MA, das zu ZA_t in RA_r ist, zu ZA_{t+1} nun entweder in RA_r oder RA_{r+1} sein kann, so sind wir in gewissen Fällen trotzdem außerstande festzustellen, welches der beiden zu ZA_t in RA_r und RA_{r+1} sich befindenden M-Atome seinen Ort geändert hat und wie. Und da solche Fälle immer möglich sind, so ist es viel natürlicher, die »Atome im Raume« mit den Raumatomen zusammenfallen zu lassen und sie als die »Grunddinge« des physikalischen Raumes anzusehen. Jede Änderung der Raumkonfiguration wäre dann nichts anderes als eine qualitative Änderung der einzelnen Raumatome. Von einer Bewegung könnte man dementsprechend nur im uneigentlichen Sinne reden, im Sinne der »Bewegung« einer Qualität, in solchem Sinne man von der Bewegung einer Wasserwelle spricht.[77]

Doch müssen wir unser Schema viel komplizierter machen, um der physikalischen »Wirklichkeit« näher zu kommen. Erstens müssen wir zwei Kategorien der M-Atome unterscheiden: die positiv und die negativ geladenen.[78] Zweitens sind aber auch die L-Atome qualitativ keineswegs identisch. Der materiefreie »leere« Raum (den man Feld oder, wenn man will, Äther nennen kann) ist ja nicht homogen: verschiedene Raumstellen sind je nach dem dort herrschenden elektromagnetischen oder Gravitationszustand verschieden. Man kann nun unabhängige E-Atome und G-Atome unterscheiden, aber dann muß man das Vorhandensein zweier solcher Atome zu solcher Zeit am selben Ort zulassen. Im Hinblick auf die Verschmelzung beider Felder in der aRTh und unserer Identifizierung der LA mit den RA zufolge werden wir jedoch die Trennung der E- und G-Atome als eine rein »subjektive« auffassen. Das vereinigte EG-Atom soll uns nichts anderes als unser LA sein, d.h. ein mit bestimmter Qualität behaftetes Raumatom, das nur nach der Art dieser Qualität von dem M-Atom verschieden ist. So werden wir also keine Dinge im Raume haben, sondern nur einen qualitativ inhomogenen Raum, als eine Menge zum Teil qualitativ verschiedener »Grunddinge« (Raumatome), solange diese qualitative Verschiedenheit erhalten sein wird, wird dieser Raum einen physikalischen Charakter haben.

Wir werden sehr viele qualitativ verschiedene L-Atome (= EG-Atome) unterscheiden müssen. Ja, es ist prinzipiell möglich, ebenso viele EG-Qualitäten als L-Atome anzunehmen. (Der

Raumcharakter wird dann auf der Vielheit identischer (+ oder -) M-Atome beruhen, sowie darauf, daß zu verschiedenen Zeiten verschiedene RA dieselbe EG-Qualität annehmen können; doch kann man auch diese Annahme fallen lassen). Da wir jedoch den Raum als eine diskrete Mannigfaltigkeit voraussetzten, so werden wir nur abzählbar unendlich viele verschiedene EG-Qualitäten zulassen (und in jedem endlichen Gebiet [unendlich viele]). Zwischen zwei L-Atomen wird immer ein merklicher (endlicher) qualitativer Unterschied bestehen müssen, oder sie werden qualitativ identisch sein.[79]

Die physische Welt (= Natur) zu einer bestimmten Zeit wäre also nach dieser Auffassung nichts anderes als eine bestimmte Konfiguration des physischer Raumes, d.h. eine bestimmte Anordnung der qualitativ verschiedenen Raumatome in einem bestimmten Zeitatom. Jedes RA ist inbezug auf ein irgendwie gegebenes Koordinatensystem (prinzipiell, d.h. abgesehen von der Frage nach der Beobachtungsmöglichkeit) genau fixiert und von allen anderen scharf getrennt. Von einer Änderung kann dabei natürlich keine Rede sein. Das Zeitatom »dauert« solange die Konfiguration dieselbe bleibt. Haben wir eine neue Konfiguration, und liegt zwischen dieser und jener keine andere, so reden wir von einer Konfiguration im unmittelbar nächsten Zeitatom, in dem dann wiederum von keiner Änderung die Rede sein kann. Aber auch in der »Zwischenzeit« kann es ja [keine] neue Änderung geben, und zwar aus dem einfachen Grunde, weil es eine solche Zwischenzeit überhaupt nicht gibt. Es sind auch ja nicht zwei Konfigurationen, sondern nur eine einzige und nur deswegen reden wir von zwei Konfigurationen »desselben«

Raumes (oder »derselben« Raumatome); während die neue existiert, ist die alte nicht mehr da. Aber wann ist die alte verschwunden und die neue entstanden? Und ferner: wenn die alte wirklich nicht mehr da ist und zu keiner Zeit mit der neuen zugleich bestanden hat, was hat das für einen Sinn zu sagen, die neue wäre von der alten verschieden, ja überhaupt – es war eine andere da?[80] Sagen wir, daß die alte Konfiguration im Gedächtnis eines »Subjekts« erhalten ist, daß dieses »Subjekt« sie mit den neuen vergleicht, d.h. maW, daß die Änderung nur »subjektiv« ist, so haben wir dadurch außer der bloßen Feststellung einer Tatsache nichts gewonnen. Denn wenn man auch aus lauter Verzweiflung bereit wäre, die Ungeheuerlichkeit eines derartigen »Idealismus« für eine Wahrheit zu halten, so stünde man vor der Frage: in welcher »Welt« ist denn dieses »Subjekt«? Fällt die »subjektive Welt« mit der »objektiven« zusammen, so haben wir überhaupt nichts gewonnen; sind sie verschieden, so haben wir das Problem nur verschoben, denn jetzt entstehen inbezug auf die »subjektive« alle die Schwierigkeiten, die uns bei der Betrachtung der »objektiven Welt« begegneten. Will man dagegen im Sinne der Physik »realistisch« verfahren und von einem Subjekt absehen, so gelangen wir zu der physikalischen »Welt«, in der alle Konfigurationen »zugleich« da sind. In dieser haben wir dann nicht nur keine Änderung, sondern überhaupt keine Zeit, da die verschiedenen Konfigurationen dort gar nicht identisch sind; das »zeitlich« Verschiedene ist dem räumlich Verschiedenen analog und höchstens durch Festsetzung einer Richtung inbezug auf die t-Achse ausgezeichnet.[81]

Ich kenne keine befriedigende Antwort auf diese Fragen. Für die Physik (und die Wissenschaft überhaupt) sind es keine Probleme; für sie ist die Änderung nur »subjektiv«, aber das »Subjekt« wird durch ein Koordinatensystem vertreten, dessen Fixierung und Beweglichkeit einfach vorausgesetzt werden, ohne als solche untersucht zu werden.

Wollen wir auf die Beantwortung der oben erwähnten schwierigen Fragen verzichten und ein »Subjekt« in der »unschädlichen« Form eines Koordinatensystems einführen, so gewinnen wir folgendes Bild. Die »Welt« ist eine Menge dreidimensionaler Konfigurationen der qualitativ zum Teil verschiedenen Raumatome, wobei die Konfigurationen zu je zwei inbezug auf die Anordnung (oder auch Qualität) der Atome verschieden sind. So haben wir eine vierdimensionale Mannigfaltigkeit von Atomen, oder eine eindimensionale Menge dreidimensionaler Konfigurationen derselben; von Zeit und Änderung ist aber noch keine Rede. Nun wollen wir die vierte Dimension in eine Zeitdimension dadurch verwandeln, daß wir die verschiedenen dreidimensionalen Konfigurationen als identische betrachten, d.h. als verschiedene Konfigurationen derselben Raumatome. Das kann auf die Weise geschehen, daß wir eine Konfiguration herausgreifen und ihr den Wert des Seins (Jetzt-seins) zuschreiben, allen anderen dagegen den Wert des Nichtseins (Nicht-jetzt-seins). Die damit verknüpften Schwierigkeiten werden dadurch umgangen, daß wir die »Welt« als auf ein Koordinatensystem bezogen denken und einen dreidimensionalen Schnitt bei einem konstanten Wert der t-Achse betrachten. Wären aber die anderen Schnitte (Konfigurationen) inbezug auf das Koordinatensystem überhaupt nicht da, so hätten wir keine Änderung. Wir hätten einen in der Zeit absolut ruhenden Raum und die Zeit wäre nur dazu da, um die Einheit und Einzigkeit dieses Raumes zu begründen. Wollen wir eine Änderung haben, so müssen auch die nichtausgezeichneten Konfigurationen für das K-System [Koordinatensystem] da sein, freilich mit einem anderen Wirklichkeitswert. Sie gehören nicht zum betrachteten Schnitt, haben aber, inbezug auf dasselbe für das betreffende K-System eine bestimmte Anordnung. Die Totalität der geordneten Raumkonfigurationen, unter denen eine ausgezeichnet ist, heißt eine Änderung der »Welt« oder besser die sich ändernde, werdende »Welt«. Dabei ist es völlig gleichgültig, welche Konfiguration als Jetztkonfiguration ausgezeichnet wird, genau so wie es inbezug auf den Raum gleichgültig ist, welches Atom wir als das Hieratom auszeichnen; der Unterschied besteht nur darin, daß die Hier- und Nichthieratome denselben Wirklichkeitswert haben.[82] Es ist gleichgültig, welche Konfiguration herausgegriffen wird, eben weil alle Konfigurationen identisch sind; wir haben immer denselben Raum, dieselbe Menge der Raumatome vor uns. Aus demselben Grunde ist es gleichgültig, *wie* wir die Konfiguration herausgreifen, d.h. maW wie das K-System beschaffen ist, inbezug auf das wir den Schnitt festlegen.[83] Wollen wir endlich der Nichtumkehrbarkeit der Zeit Rechnung tragen, so müssen wir zwei Kategorien der Nichtjetztkonfigurationen unterscheiden: die »nichtmehr« und die »nochnicht«; – wir müssen eine Richtung der Zeitachse festlegen und sie gegenüber der entgegengesetzten auszeichnen.

Das ist das allgemeine Schema. Es setzt voraus, daß mit der Jetztkonfiguration auch die Nichtmehr- und die Nochnichtkonfigurationen in gewisser Weise da sind. Das bedeutet aber noch nicht eine kausale Struktur der »Welt«. Die »Welt« hat eine (eindeutige) kausale Struktur, wenn folgendes gibt: denken wir uns eine Menge von »Welten«, die ihrerseits Mengen verschiedener Raumkonfigurationen sind; wählen wir dann diejenigen aus, die in irgend zweien[84] inbezug auf ein beliebiges Koordinatensystem zeitlich benachbarten (ZA_t und ZA_{t+1}) Konfigurationen übereinstimmen, während die anderen Konfigurationen beliebig sind; dann läßt sich eine von ihnen auswählen, die physikalisch allein wirklich ist. Das ist aber keineswegs eine notwendige Folge des oben aufgestellten Schemas. Dieses läßt vielmehr inbezug auf den Zusammenhang der Konfigurationen untereinander viele Möglichkeiten offen.[85]

Die »Welt« könnte ja zwar »an sich«, aber nicht für den Physiker als ein Ganzes bestehen. Es ist sehr wohl denkbar, daß der Physiker – der dann freilich gar kein Physiker wäre – nur diejenige Konfiguration nennen kann, die überlebt hat; auch wenn die »Physik« die Konfiguration des Gesamtraumes und sogar beliebig viele solcher Konfigurationen gekannt hätte, könnte sie trotzdem nicht im Stande sein, eine nicht mehr oder noch nicht beobachtete Konfiguration abzuleiten. Die physikalische »Welt« würde dann nie die gesamte physische »Welt« vertreten können; als Totalität gedacht wäre sie eine leere Intention. Es könnte ferner sein, daß eine Kenntnis *aller* einer Konfiguration zeitlich vorangehenden Konfigurationen notwendig wäre, um alle folgenden zu bestimmen. Praktisch würde diese Möglichkeit (mit der man übrigens kaum einen klaren Sinn verbinden kann) freilich mit der ersteren zusammenfallen. Eine physikalische »Welt« würde man nur dann aufbauen können, wenn es möglich sein sollte, aufgrund eines Gesetzes einerseits und »weniger« (jedenfalls endlich vieler) oder gar einer physischen Konfiguration anderseits alle anderen zu konstruieren. Erst jetzt können wir von einer kausalen Struktur der »Welt« reden.[86]

Mit der Annahme einer derartigen Struktur ist natürlich noch nichts über die besondere Art des Kausalzusammenhanges entschieden. Aufgabe der Physik ist es (im Ideal natürlich) Gesetze (oder eigentlich: ein Gesetz) zu finden, die es erlauben, aufgrund einer oder mehrerer gegebener Raumkonfigurationen alle anderen nach- bzw. vorzubilden. Dabei kann man zwei wesentlich verschiedene Typen von Gesetzen unterscheiden, die sich in Erhaltungs- und Zusammenhangsgesetzen ausdrücken. Die ersteren besagen, daß gewisse Qualitäten sich in allen Konfigurationen erhalten, die letzteren enthalten Aussagen über den Zusammenhang dieser Konfigurationen (Kausalgesetze im engeren Sinne des Wortes). Würde sich überhaupt nichts erhalten, so wäre eine Physik gewiß unmöglich. Eine Art der Erhaltung muß auf alle Fälle vorausgesetzt werden: die Erhaltung im Gedächtnis des Physikers (was das eigentlich heißt, mag unerörtert bleiben). Aber auch das genügt noch nicht, denn hätte der Physiker mit jedem neuen Zeitatom immer neue Qualitäten vor sich, so würde er nie zu einer Voraussage fähig sein.[87] Etwas muß sich demnach »objektiv« erhalten, wenn Physik möglich sein soll, die nicht bloß bereits Vorhandenes oder schon Dagewesenes registriert.

Zunächst wird man wohl die Erhaltung der Zahl der Raumatome voraussetzen.[88] Alsdann muß man die Erhaltung der Qualitäten fordern, in dem Sinne wenigstens, daß solange ein bestimmtes Konfigurationsgesetz gilt, keine neuen Qualitäten auftreten dürfen. Ich weiß dagegen nicht, ob man auch die Erhaltung der Zahl der mit einer bestimmten Qualität behafteten Atome postulieren muß (speziell: daß diese Zahl nie 0 werden darf). Es scheint möglich zu sein, auch ohne diese Voraussetzung Zusammenhangsgesetze aufzustellen. Nachdenken. Nachfragen! Will man sie aber machen, so kann eine Änderung nur in einer Umgruppierung der Qualitätsatome bestehen; verliert z.B. ein RA die M-Qualität, so muß irgendein anderes RA (das sie vorhin nicht hatte) diese Qualität annehmen. Das Zusammenhangsgesetz wird dann angeben, wie die Qualitätskonfiguration aussehen wird, die auf eine bestimmte Konfiguration folgt oder ihr vorangeht.

An sich scheint es nicht notwendig zu sein, daß eine Konfiguration den (zeitlich) unmittelbar benachbarten irgendwie »ähnlich« sein soll. Da man jedoch in diesem Falle im allgemeinen von beharrenden »Einzeldingen« nicht mehr reden kann, so wird in einer derartigen Welt die Aufstellung einer Physik *praktisch* wohl unmöglich sein. Da nun die Physik bis jetzt fast ausschließlich mit Differenzialgleichungen gearbeitet hat und damit recht gut ausgekommen ist, so wird man auch bei der Voraussetzung einer diskreten »Welt« jedenfalls annehmen müssen, daß zeitlich benachbarte Konfigurationen auch »qualitativ benachbart« sind. (Daß das im Mikroskopischen so ist, lehrt schon der Augenschein). Das heißt, daß zwei entsprechende Qualitäten zweier zeitlich benachbarten Konfigurationen räumlich benachbart sein müssen (Q ist in RA_r zu ZA_t; zu ZA_{t+1} muß Q in RA_{r+n} sein, wobei n = 0, 1 oder eine »kleine« Zahl ist). Dagegen ist es keineswegs erforderlich, daß das Zusammenhangsgesetz die Form eines mechanischen Gesetzes annimmt; es kann ebensogut ein reines Konfigurationsgesetz sein.

Das merkwürdigste ist aber, daß außer den kausalen Zusammenhangsgesetzen noch statistische (oder Wahrscheinlichkeits-) Gesetze möglich sind. Die Kausalgesetze gestatten uns, für jedes einzelne Zeitatom die genaue Raumkonfiguration anzugeben, während die statistischen für jedes ZA nur Aussagen über die Wahrscheinlichkeit des Eintreffens einer Konfiguration gestatten; nur über den Durchschnitt vieler Konfigurationen läßt sich auf Grund derer etwas einigermaßen sicheres behaupten. Es läßt sich wohl nicht a priori entscheiden, ob die »Weltgesetze« einen kausalen oder statistischen Charakter haben.[89] Es ist hier auch nicht der Ort, auf die schwierigen und nichtigen Wahrscheinlichkeitsprobleme näher einzugehen. So mag es dahingestellt bleiben, ob die Möglichkeit der Aufstellung statistischer Gesetze die Vorhandenheit »objektiver« Kausalgesetze voraussetzt.[90]

Ich meine den Versuch, den »objektiven« Kausalgesetzen die statistischen als bloß »subjektive« gegenüberzustellen. Dies geht aus zwei Gründen nicht an. Erstens sind die statistischen Gesetze genau so »objektiv« wie die kausalen (Poincaré), da sich aufgrund derer Voraussagen machen lassen, die tatsächlich erfüllt werden. Zweitens sind aber die Kausalgesetze nicht weniger »subjektiv« als die statistischen. »Objektiv« ist nur die Tatsache, daß nur das ist (ich sage absichtlich nicht »sein *kann«*, weil ich nicht im Stande bin, mit diesem »kann« einen physikalischen Sinn zu verbinden), war und sein wird, was ist, war oder sein wird. Die Formulierung dieser »Tatsache« ist aber kein Kausalgesetz, sondern eine Tautologie; und sie braucht von der Wahrscheinlichkeitstheorie keineswegs geleugnet zu werden. Sie ist nichts anderes als die Behauptung, daß es eine »Welt« gibt. Die Kausaltheorie geht dagegen über diese Behauptung hinaus, indem sie noch folgendes postuliert: 1) es läßt sich eine Raumkonfiguration zur Zeit t_0 genau beschreiben, und 2) es läßt sich eine Vorschrift (Kausalgesetz) aufstellen, die uns erlaubt, unter Benutzung der Beschreibung der Konfiguration der Zeit t_0 die Konfiguration zur Zeit t genau zu beschreiben, ehe sie verwirklicht wird. Daß all dies nur inbezug auf ein »Subjekt« einen Sinn hat, braucht wohl nicht besonders hervorgehoben zu werden. Die These der Kausaltheorie kann dann auch so formuliert werden: es gibt eine »Welt« und zwar nicht nur »an sich«, sondern für den Physiker, wenigstens im Ideal. Die Annahme dieser These schließt natürlich das Aufstellen statistischer Gesetze keineswegs aus, aber auch nicht ein, denn man kann sich wohl (?) eine Welt denken, die kausal eindeutig bestimmt wäre und in der es trotzdem keine Möglichkeit gäbe, Wahrscheinlichkeitsgesetze aufzustellen. Ist aber diese Möglichkeit da, so sind die Wahrscheinlichkeitsgesetze nicht minder »objektiv« und (sowohl praktisch wie theoretisch) nicht weniger wichtig als die Kausalsätze. (Es ist sehr sonderbar, daß neben der ungeheuren Literatur über die Kausalität nur wenige Bücher der Wahrscheinlichkeit gewidmet sind.) Nun scheint anderseits eine Welt denkbar zu sein, in der nur Wahrscheinlichkeitsgesetze möglich wären. Das heißt dann nichts anderes als dies: es ist prinzipiell nicht möglich eine Konfiguration zur (noch nicht eingetretenen) Zeit t genau zu beschreiben; oder maW: *für den Physiker* wird es nie eine »Welt«

als Ganzes geben, als eine Konfiguration bestimmter Qualitäten. »An sich« mag eine solche »Welt« bestehen, aber sie muß notwendig eine leere Intention bleiben.[91] Das ist die negative Seite. Die positive kann man dagegen so formulieren: es läßt sich ein (allerdings notwendig inadäquater) Vertretungsbegriff der »Welt« aufbauen, der sozusagen nur ein Durchschnittsbild der als solcher unzugänglichen »Welt« gibt; die »Grunddinge« dieser »Vertretungswelt« sind nicht die »Weltatome« der »wirklichen«, sondern Komplexe derselben. Diese Komplexe sind nicht mehr in sich qualitativ homogen, aber auch nicht vor einer bestimmten qualitativen Struktur – sie sind in sich »statistisch« homogen. (Ist das richtig? Präziser fassen!). Es läßt sich nun ohne weitere Voraussetzungen keine Wahl zwischen den erwähnten drei Möglichkeiten (nur K [Kausalität], K und W [Wahrscheinlichkeit], nur W) treffen. Es ist zwar eine Tatsache, daß gewisse »Kausalgesetze« durch die Erfahrung bestätigt wurden. Da aber diese Bestätigung immer nur eine ungefähre ist, so bleibt im Prinzip immer die Möglichkeit offen, diese Gesetze als (angenäherte) makroskopische zu betrachten und sie (bei Zugrundelegen mikroskopischer Grunddinge) durch statistische zu ersetzen. Da ferner auch die Ausgangskonfiguration in Wirklichkeit niemals streng genau beschrieben werden kann, so kann die These der Kausaltheorie durch Erfahrung nie bestätigt werden. Nimmt man aber noch an (und das tut die neueste Physik), daß es eine feste Genauigkeitsgrenze bei der Beschreibung der Ausgangskonfiguration gibt, so verliert man auch die Möglichkeit, die Aufstellung eines universellen (genauen) Kausalgesetzes als eine »unendliche Aufgabe« zu betrachten; die adäquate »Vertretungswelt« wird dann leere Intention.

Wir wollen nun diese Betrachtungen abbrechen. In ihnen war nur über den Zusammenhang derjenigen Konfigurationen die Rede, die den ganzen Raum umfassen. Die Herstellung eines derartigen Zusammenhanges mag das Ideal der Physik sein; in der faktischen Wissenschaft spielen sie jedoch eine geringe Rolle. Zwar werden in ihr Betrachtungen über das Ganze der »Welt« aufgestellt (so z.B. neuerdings die kosmologischen Spekulationen der aRTh), aber sie sind in einem ganz allgemeinen und vagen Sinne gemeint. Denn wenn man auch das universale Gesetz als aufgestellt ansieht, so kommt eine Anwendung desselben jedenfalls nicht in Frage, da die Ausgangskonfiguration unbekannt ist. Die faktische Physik hat es nicht mit dem »Weltsystem« als Ganzes, sondern mit Systemen in der »Welt« zu tun.

Damit ist aber etwas prinzipiell Neues gemeint. Wenn man auch die Kausalstruktur der »Welt« postuliert, d.h. die Möglichkeit zulässt, aus einer Raumkonfiguration auf alle anderen zu schließen, so ist damit noch keineswegs gesagt, daß man aufgrund einer Feststellung der Konfiguration eines endlichen Raumgebietes irgendwelche Behauptungen aufstellen kann, welche andere (entweder nur räumlich, oder nur zeitlich, oder auch raum-zeitlich andere) Gebiete betreffen. Wären das Universalgesetz und eine allumfassende Raumkonfiguration bekannt, so würden derartige Schlüsse natürlich möglich sein. Dann könnte man sowohl die qualitative Struktur eines Ortes (Raumatom) zu allen Zeiten als auch den qualitativen Zustand an verschiedenen Orten zu verschiedenen Zeiten eindeutig bestimmen. Man könnte dann auch (wozu allerdings gewisse Voraussetzungen nötig sind) die »Bewegung« einer Qualität (sofern diese erhalten bleibt) angeben, d.h. ihren Ort zu allen Zeiten. All das ist aber nur auf dem Umwege über die Universalkonfiguration möglich, und diese ist eben der faktischen Wissenschaft unbekannt. Um abgesehen von diesen Aussagen über Einzelstrukturen machen zu können, muß man also neue Voraussetzungen einführen.

Hier sind nur prinzipiell zwei Möglichkeiten vorhanden. Erstens kann man ein »Weltgebiet« (entweder parallel zur Zeitachse, d.h. ein Raumgebiet bzw. -atom zu allen Zeiten, oder irgendwie gerichtet) a priori auszeichnen und innerhalb desselben ein Zusammenhangsgesetz zu suchen. Zweitens kann man eine bestimmte endliche Konfiguration für sich als einen abgeschlossenen Raum (d.h. als ein »isoliertes System«) betrachten und es in eine abgeschlossene »Welt« zu verwandeln versuchen, d.h. maW aufgrund eines Gesetzes und der Beschreibung dieser Konfiguration zur Zeit t_0 deren Beschreibung zur Zeit t zu deduzieren.

Die erste, prinzipiell zulässige, Möglichkeit hat praktisch keine Bedeutung. Die Tatsache, daß derartige Untersuchungen nie unterkommen wurden, beweist (mit praktischer Gewissheit wenigstens), daß die Natur uns keine Veranlassung dazu gibt. Dagegen wird die zweite in der Wissenschaft als verwirklicht angesehen. Dann entstehen aber inbezug auf derartige räumlich endliche und begrenzte »Welten« alle die Fragen, die uns inbezug auf die allumfassende »Welt« begegneten.[92] Außerdem entsteht aber noch das Problem der Beziehungen dieser begrenzten »Welten« zur allumfassenden: hat man das Gesetz für eine

»Grenzwelt« gefunden, so hat man zunächst keinen Grund, dasselbe für ein Universalgesetz zu halten; kennt man ein Universalgesetz, so hat man noch nicht das Recht, dasselbe auf eine begrenzte »Welt« zu übertragen. Wenn also die Physik den von ihr aufgedeckten »Einzelwelten« dieselbe Zusammenhangsstruktur zuschreibt wie der allumfassenden »Welt«, so ist das eine neue, keineswegs selbstverständliche, Voraussetzung.

Und nun kommt etwas Wichtiges. Die bis vor kurzem in der Physik herrschende Kausaltheorie schließt prinzipiell die Möglichkeit derartiger begrenzter »Welten«, der absolut isolierten Systeme, aus. Faktisch operiert sie jedoch ausschließlich mit solchen Systemen. Der klaffende Widerspruch soll durch den Begriff des Angenäherten aufgehoben werden: es gibt »beinah« isolierte Systeme, die denselben Strukturtypus haben wie das eigentliche »Weltsystem«. Dieser Begriff kommt natürlich auch in anderen Wissenschaften vor,[93] aber in der Physik spielt er eine ganz eigentümliche Rolle. Wir stehen nämlich dem folgenden Sachverhalt gegenüber. Es wird zunächst ein angenähert isoliertes System angenommen; es wird alsdann ein Gesetz aufgestellt, das in diesem System, bei gegebener Approximation, verwirklicht ist; es wird ferner die Approximation vergrößert und die neuen beobachteten Dezimalen stimmen mit dem aufgrund des Gesetzes Berechneten überein (tun sie es nicht, so muß das Gesetz durch ein anderes ersetzt werden); bei diesem Prozeß muß nun (wenigstens im Prinzip) immer ein Augenblick eintreffen, in dem die Approximation inbezug auf das Gesetz von derselben Größenordnung wird wie diejenige inbezug auf die Isoliertheit des Systems; dann aber muß das Gesetz notwendig seine Anwendungsfähigkeit verlieren, da es doch für ein *isoliertes* System vorausgesetzt wurde. Diese Argumentation gilt inbezug auf jedes System, das nicht die Totalität des physikalisch »Wirklichen« umfasst, und zwar gilt sie unabhängig von dem Problem der Beobachtung selbst. Die klassische Kausalphysik muß, [um] isolierte Systeme behandeln (d.h. um überhaupt existieren) zu können, den Begriff des Angenäherten einführen; indem sie aber denselben einführt, führt sie zugleich eine prinzipielle (wenn auch nicht feste) Grenze der Annäherung ein; wird diese Grenze bei der Prüfung der Gültigkeit eines Gesetzes erreicht, so verliert das zu prüfende Gesetz seinen Sinn. Man sieht daraus, daß vom Standpunkte der Kausaltheorie eine Anwendung der Kausalgesetze prinzipiell ausgeschlossen ist: die Totalkonfiguration kann der Mensch nicht beschreiben; um das Gesetz auf die Einzelkonfiguration anzuwenden, muß er dieselbe genau kennen; kennt er sie genau, so ist sie keine Einzelkonfiguration mehr. In der neuesten Physik[94] ist nun diese prinzipielle Schwierigkeit eine praktische geworden, und zwar so, daß das Problem noch in einer anderen Konfiguration erfuhr. Man hat nämlich festgestellt, daß beim Erreichen einer (inbezug auf den heutigen Stand der Wissenschaft endlichen und festen) Genauigkeitsgrenze die Isoliertheit des Systems inbezug auf die Beobachtung aufhört. Damit wird aber nicht nur der Glaube an die Anwendungsmöglichkeit der Kausalgesetze vernichtet, sondern auch die »Unschädlichkeit« des im Koordinatensystem »eingeschlossenen« Ichproblems.[95]

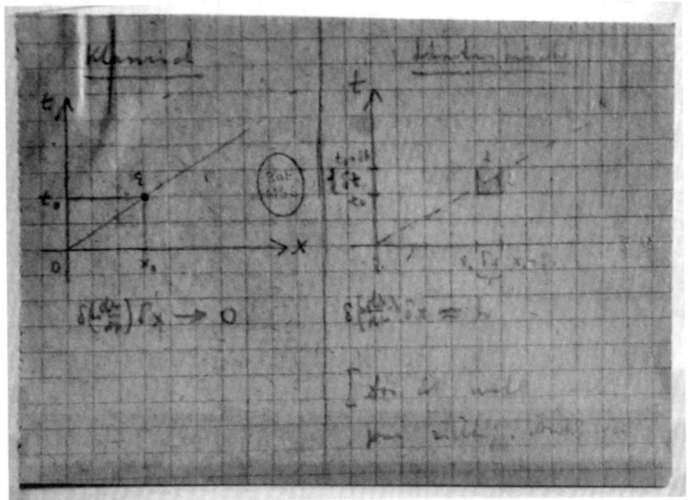

Die Schwierigkeit besteht aber gerade da[rin], daß es trotzdem »angenäherte Kausalgesetze« gibt, die »im Großen« nach wie vor gelten. Diese Schwierigkeit ist bis jetzt kaum beachtet, geschweige denn gelöst worden. Die makroskopischen »Kausalgesetze« werden wohl in statistische verwandelt, aber von den Voraussetzungen und Anwendungsmöglichkeiten der Wahrscheinlichkeit und Statistik wissen wir herzlich wenig. So kann auch keine Rede davon sein, hier irgendetwas in dieser Beziehung zu unternehmen. Nur eines will ich noch hervorheben.

Wir sahen, daß nicht nur die neueste, sondern auch die klassische Physik im Prinzip keine isolierten Systeme, d.h. auch keine Dinge kennt, wenn sie auch faktisch damit arbeitet. Der Begriff eines endlichen, abgeschlossenen Dinges ist nicht auf rein physikalischem Boden erwachsen, sondern wurde aus der biologischen »Welt« übernommen. Die faktische Physik hat demnach einen merkwürdigen Doppelcharakter: sie ist einerseits Grundlage der Technik und anderseits reine Theorie. In ihrer ersten Qualität geht sie von einem biologischen Ding aus und sucht nach einen mathematischen Vertretungsbegriff für dasselbe; sie verfolgt dabei ein »bio-sches« (praktisches) Ziel und der Begriff wird für sie dann adäquat, wenn der Fehler praktisch (bio-sch) unbedeutend ist; die Inadäquatheit des Begriffs äußert sich nur dadurch, daß beim Versuch, den Begriff aktiv zu realisieren (die passive Realisierung ist die Anwendung auf die Natur) man nicht zur Natur, sondern zur Welt der Technik gelangt. In ihrer zweiten Qualität will dagegen die Physik *ihren eigenen* Gegenstand untersuchen; sie will in ihrer eigenen Welt bleiben; sie versucht dabei zunächst, das biologische Ding als ein physikalisches aufzufassen, d.h. als das adäquate Vorbild eines (mathematischen) Vertretungsbegriffes; es stellt sich aber heraus, daß dies nicht möglich ist, und so verlegt sie das biologische Ding in physikalische »Dinge«, denen allein sie »objektive Wirklichkeit« zuschreibt; inbezug auf die neuen »Dinge« wird das alte ein statistisches und der Vertretungsbegriff desselben ein inadäquater, nicht gemeinter Begriff; nun wiederholt sich dieser Prozeß inbezug auf das physikalische »Ding«, das wiederum in »Dinge zweiter Stufe« zerlegt wird ? usf. Die theoretische Physik hat demnach faktisch immer mit statistischen »Dingen«, mit inadäquaten Begriffen operiert, während das »objektiv wirkliche Ding« eine leere Intention blieb; sobald diese Intention inhaltlich erfüllt wurde, verwandelt sich das intendierte »Ding« in ein statistisches, dem neue »Dinge« als leere Intentionen zugrunde gelegt werden. Auf diesem Wege gelangte die Physik zu den Protonen und Elektronen. Es schien zunächst, daß der nämliche Prozeß sich inbezug auf diese »Dinge« wiederholen wird, aber die neueste Physik hat diese Vermutung widerlegt: ihr zufolge haben wir mit dem Elektron das absolut letzte erreicht. Ich glaube, daß es richtig ist, und zwar deshalb, weil zum ersten Male der Gegenstand der Physik als ein statistischer ernannt wurde, ohne daß ihm »Dinge höheren Stufe« zugrunde gelegt wurden. Seit 1926 ist die Physik »für sich« das, was sie »an sich« ist; die neueste Physik ist eine Physik, die sich selbst versteht (Hegel).

Wir müssen jedoch zu unserer diskreten »Welt« zurück. Es kann natürlich keine Rede davon sein, das Problem des Einzeldinges in der diskreten »Welt« zu untersuchen oder gar zu lösen. Nur eine spezielle Frage soll erörtert werden: nämlich die nach der »Bewegung« eines (homogenen) Qualitätsatoms im diskreten Raume.

Will man von der Bewegung eines Dinges[95a] im diskreten Raume reden, so muß man zunächst eine Voraussetzung machen. Wir sehen voraus, daß ein Ding, das in ZA_t im RA_n ist, in $ZA_{t\pm1}$ nur entweder in RA_n oder in RA_{n+1} (d.h. in einem der unmittelbar benachbarten RA) sein kann. Diese Forderung können wir direkt als die Definition des Dinges, bzw. der Bewegung (oder Ruhe) des Dinges auffassen. Sollten wir also zu ZA_{t+1} in RA_{n+1} kein Ding vorfinden, so werden wir nicht von einer Bewegung, sondern von der Vernichtung des Dinges, von dem wir ausgegangen sind, reden. Diese Forderung ist natürlich keineswegs selbstverständlich; man könnte z.B. auch das Überspringen eines oder einiger weniger (bei vielen würde wohl der Begriff der Bewegung jeden Sinn verlieren) Atome zulassen. Wir schließen aber diese Möglichkeit aus, um einerseits keine unnötigen Komplikationen einzuführen und anderseits einen sinngemäßen Anschluß an die Kontinuitätshypothese zu erhalten. Physikalisch könnte man unsere Forderung etwa folgendermaßen denken: soll ein Elektron (M-Atom bzw. M-Qualität) in seiner Bewegung mehrere RA überspringen, so wird es uns nicht mehr als Elektron, sondern als etwas anderes, etwa als ein Lichtquant usw. (L-Atom bzw. L-Qualität) erscheinen; d.h. man hätte nicht mehr die Bahn eines Elektrons, sondern etwa einen »Lichtstrahl« usw.; dabei sind wir freilich in das Reich des Ungenauen und Angenäherten gelangt, denn das Überspringen nur eines RA während einer verhältnismäßig langen Zeitstrecke läßt sich jedenfalls nicht bemessen. Man kann natürlich unsere Forderung auch als ein für jedes einzelne Ding gültiges (Kausal)Gesetz einführen.

Die geordnete Menge aller RA, die von dem Ding von ZA_t bis ZA_{t+n} eingenommen wurden, berührt die Bahn des Dinges für diese Zeit, im Falle der Ruhe wird sich also die »Bahn« auf ein RA reduzieren. Die Bewegung des Dinges (oder genauer – was übrigens dasselbe ist – das bewegte Ding) ist dann die Menge aller Dinge (wir setzen ja ein Ding im leeren Raume voraus) im betreffenden »Weltabschnitt«. Sofern sie als dasselbe Ding angesehen werden und sofern nur einem (ganz gleich welchem) der »Jetztwert« zukommt (bei Voraussetzung der Nichtumkehrbarkeit der Zeit müssen die übrigen noch in Nichtmehr- und Nochnichtseinde, durch das Jetzseiende getrennte, eingeteilt werden). Im Spezialfalle der Ruhe werden alle Dinge räumlich identisch sein.

(Die Ruhe, als Menge von Dingen, – der Bewegung analog – muß vom Einzelding in ZA_t scharf getrennt werden).

Trotz unserer Forderung ist jedoch die Bewegung im diskreten Raume von der stetigen Bewegung wesentlich verschieden. So ist bei gradliniger, gleichförmiger Bewegung nur eine Geschwindigkeit möglich: in jedem ZA ein neues (benachbartes) RA, was zugleich die maximale Geschwindigkeit ist. Das Vorhandensein einer solchen ist an sich befriedigend, da der Begriff einer unendlichen Geschwindigkeit widerspruchsvoll ist.[96] Weniger befriedigend sind dagegen die anderen Konsequenzen.[97] Von einer Geschwindigkeit in einem RA darf man natürlich nicht sprechen; bei jeder nicht gradlinigen Bewegung muß man dem Dinge an jedem RA zwei Geschwindigkeitsrichtungen zuschreiben, oder es muß die »in die Zukunft weisende« Richtung ausgezeichnet werden. Ja, der Begriff der Geschwindigkeit verliert überhaupt jeden Sinn, da jede Bewegung, (außer der Ruhe und der gradlinigen mit V_{max}) ungleichförmig ist (ZA_t; RA_r; ZA_{t+1}; RA_{r+1}; ZA_{t+2}; RA_{r+1}; ZA_{t+3}; RA_{r+2} usf.). Begriffe wie kräftefreie Bewegung, Beschleunigung, Kraft usf. verlieren also jede Bedeutung; auch zwischen Ruhe und (langsamer) Bewegung gibt es keine scharfe Grenze mehr. Es kann also keine Mechanik im gewöhnlichen Sinne geben und keine mechanische Kausalität, sofern man von der Raumkonfiguration in einem ZA ausgeht.

Das Gesagte gilt jedoch nur, wenn wir einerseits nur (wenn auch noch so große aber doch) endliche Zeitstrecken betrachten und anderseits in jedem ZA eine Beobachtung ausgeführt denken. Betrachten wir hingegen die »Welt« als Ganzes, so lassen sich die erwähnten Begriffe sinngemäß definieren. Als gleichförmig kann man z.B. jede Bewegung nennen, die eine periodische Struktur aufweist (inbezug auf die »ganze« Bahn, natürlich); es wird allerdings nur abzählbar unendlich viele verschiedene geben, mit v = 0 und v = max als feste Grenzen. Jede unperiodische Bewegung wird dann beschleunigt heißen. Und so läßt sich eine Art Mechanik denken, die der gewöhnlichen analog ist.[98]

Doch wird diese Mechanik sozusagen nur »an sich« vorhanden sein. Denn würden deren Gesetze dem Physiker auch irgendwie a priori gegeben sein, so könnte er doch keinen Gebrauch davon machen (für ihn gäbe es demnach auch keine mechanische Kausalität). Er kann ja nur endliche Zeitstrecken beobachten und für diese werden die mechanischen Grundbegriffe nicht mehr eindeutig bestimmt; er würde zwar das Gesetz, aber niemals die Anfangsbedingungen haben. Oder vielmehr, der Physiker wird zwar die Mechanik anwenden können, aber die Voraussagen, die er aufgrund derer machen wird, werden niemals absolut gewiß sein können; denn das, was er z.B. für eine Beschleunigung hält, kann sich immer als eine lange Periode herausstellen usf. Um mit einiger Sicherheit zu urteilen, wird er möglich[st] lange Zeitstrecken verfolgen müssen, und so sind es nur ganz spezielle Probleme, die er behandeln kann.

Eine praktisch brauchbare (und faktisch aufstellbare) Mechanik (im weitesten Sinne) kann es demnach in der diskreten »Welt« nur dann geben, wenn diese »Welt« eine »statistische« Struktur hat, wenn man maW auf Grund einer Durchschnittsbeobachtung (mittels eines »statistischen« Gesetzes) Durchschnittsvoraussagen machen kann. Der Physiker wird nicht den Ort des Dinges in jedem ZA feststellen, sondern etwa in ZA_t, dann in ZA_{t+n} und

$ZA_{t+n'}$; stellt er fest, daß zwischen t und t+n und t+n und t+2n die gleiche Zahl von RA, z.B. m, (d.h. gleiche Raumstrecken) zurückgelegt wurden, so wird er die Bewegung schlechthin gleichförmig nennen und ihr die Geschwindigkeit $v = {}^{m}/_{n}$ zuschreiben. Voraussetzung dafür ist, daß die Periode klein ist inbezug auf n: dann wird er aber etwaige geringe Differenzen der periodischen Struktur zweier oder auch einer und derselben Bewegung nicht beobachten können. Seine Mechanik wird demnach eine Approximationsmechanik sein, und nur wenn die Struktur der »Welt« eine derartige Approximation zuläßt, wird er mechanische Gesetze aufstellen und anwenden können.[99]

Setzen wir nun eine derartige Mechanik voraus und betrachten zugleich mehrere qualitativ identische Dinge (z.B. – Elektronen), so sehen wir, daß der Substanzbegriff nur in einem übertragenen Sinne verwendet werden kann. Dann kann z.B. in ZA_t und ZA_{t+n} das Ding E_1, in ZA_{t+2n} dagegen ein anderes E_2 beobachtet werden, ohne daß dies bemerkt wird. Weder bei der Bewegung noch bei der Ruhe können wir also feststellen, ob wir es zu verschiedenen Zeiten wirklich mit demselben Dinge zu tun haben. (Das gilt übrigens auch, wenn wir in jedem ZA Beobachtungen machen, und darum hat es eben keinen Sinn, von der Bewegung eines Dinges zu reden; man soll nur von Konfigurationsänderungen eines Raumgebietes sprechen). Primär ist uns der Bewegungsbegriff gegeben, und das Ding wird dann nur als das so und so bewegte (bzw. ruhende) definiert. Das ist auch ganz begreiflich, denn »Substanzen« können sich nur raum-zeitlich oder qualitativ unterscheiden; sind sie qualitativ identisch, so nur raum-zeitlich; ist die »Welt« diskret, so verliert die Identität einer »Substanz« jeglichen Sinn.

[*handschriftlicher Zusatz*] »(Eddington, 257). Meyerson pp. 35.«

Endlich soll noch die Frage der Relativität der Bewegung in der diskreten »Welt« gestreift werden. Bisher haben wir so gesprochen, als ob die RA (bzw. die WA) von vornherein eine feste Nummerierung erhalten haben; die Bewegung gilt inbezug auf diese Nummerierung, es ist also eine Bewegung im absoluten Raume. Nun kann man natürlich irgendein Ding als »ruhend« voraussetzen, und die Nummerierung dementsprechend vornehmen. Die so entstandenen Nummerierungen werden jedoch keineswegs gleichgültig sein, denn eine Bewegung, die inbezug auf [dieselbe] eine solche war, kann inbezug auf eine andere nicht mehr Bewegung sein (indem z.B. in ZA_t RA_r und in ZA_{t+1} RA_{r+2} gefunden wird). Bedenkt man aber, daß unser Bewegungsbegriff nur eine Definition war, so können wir annehmen, daß statt des »verschwundenen« Dinges ein neues auftaucht, dessen Bewegung inbezug auf die alte Nummerierung keine Bewegung war. So scheint es möglich zu sein, [daß] auch auf dem relativistischen Standpunkte Erhaltungssätze aufstellbar sind. Ich glaube auch, daß man auch eine invariante relativistische Mechanik angeben könnte, die allerdings recht kompliziert sein muß und eigenartige Voraussetzungen fordert. Doch will ich das nicht weiter verfolgen.

Nun will ich abbrechen und etwas anderes betrachten, nämlich die zenonischen Paradoxen bei Zugrundelegung der Hypothese einer diskreten »Welt« (für das folgende vgl. Koyré, a.a.O.).

Zenon stellte vier Paradoxe auf, die wir nacheinander betrachten wollen.

1) *Der Pfeil*: »Der fliegende Pfeil ist in jedem Moment [und jedem Punkt] seiner Bahn bewegungslos«.

Die hiermit ausgedrückte Schwierigkeit besteht (wie Koyré richtig hervorhebt) sowohl für die Hypothese einer diskreten als für die einer stetigen »Welt«; beide Hypothesen sind in dieser Beziehung völlig gleichwertig. Das ist wohl das (philosophisch) bedeutendste Argument, und von einer »Lösung« kann hier eigentlich gar nicht gesprochen werden. Man kann etwa einen subjektivistischen Ausweg suchen: der »fliegende« Pfeil ruht allerdings zu ZA_t in RA_n; da ich aber die Erinnerung habe, daß zu ZA_{t-1} er in RA_{n-1} war und außerdem vermute, daß er zu ZA_{t+1} in RA_{n+1} sein wird, habe ich den Eindruck der Bewegung in ZA_t. Damit ist jedoch natürlich gar nichts erreicht. Denn erstens handelt es sich doch nicht um »Eindrücke«, sondern um den Pfeil selbst, der eben noch in der Luft war und jetzt in dem Raume steckt. Zweitens aber entsteht die Frage, in welchem Raume und in welcher Zeit denn jene Erinnerungen, Vermutungen und Eindrücke sind. Sieht man nun von dem Subjektproblem ab, so muß man allerdings sagen, daß die obige Interpretation den *psychologischen* Sachverhalt richtig beschreibt. In der Tat, hätte ich nur die Wahrnehmung des »fliegenden« Pfeiles zu ZA_t, so wäre ein Eindruck des Fliegens in mir gar nicht aufgenommen. Diese Beschreibung hat freilich mit einer Lösung der Argumente nichts zu tun.

Ferner kann man den Pfeil nicht mehr in Raume, sondern in der »Welt« betrachten. In der »Welt« gibt es natürlich keine Bewegung, aber man kann ein Subjekt annehmen, das in der

»Welt« wandelt und für das der Pfeil als bewegt erscheint (vgl. Weyl: Phil. der Math., S. 82). So wäre die Bewegung zwar nur für ein Subjekt, aber doch irgendwie da. Leider ist nur diese »Interpretation« nichts mehr als die bloße Anerkennung einer Bewegung. Es ist vollkommen unbegreiflich, in welcher Zeit sich das »Wandeln« des Subjekts vollzieht; gewiß ist nur, daß das nicht die Zeit der »Welt« sein kann, denn sonst hätte man eine »Subjektion« und die scheinbar gerettete Bewegung wäre wieder verloren. Nimmt man nun neben der »wirklichen«, in der »Welt« als Ganzes gegebenen Zeit eine »subjektive«, »fliegende« an (was allerdings völlig sinnlos ist), so entstehen inbezug auf die letztere alle die Schwierigkeiten, die uns inbezug auf die als »fließend« angenommene, »wirkliche« begegneten. So hat diese Auffassung nur den Vorteil, daß sie wenigstens das Faktum der Bewegung anerkennt, ohne freilich dieses Faktum rational fassen, d.h. durch sinnvolle Worte beschreiben zu können. Sieht man dagegen von dem »Subjekt« ab und behält den üblichen »Welt«-Begriff, so wird man von Bewegung auch als Faktum nicht mehr reden können. Man hat dann eine Menge von Pfeilen, die verschiedene RA einnehmen, und kein Element dieser Menge ist irgendwie vor der anderen ausgezeichnet, so daß man nicht nur [nicht] von der Bewegung eines Pfeiles, sondern auch nicht mehr von einem Pfeil reden darf. Lassen wir aber den »Welt«-Begriff fallen, so haben wir das zenonische Argument in seiner reinsten Form: der Pfeil existiert nur zu ZA_t, während die »vergangenen« und »zurückfliegenden« Pfeile einfach nicht da sind; sofern er also existiert, bewegt er sich nicht, und sofern er nicht existiert, kann er sich offenbar nicht bewegen, eben weil er gar nicht da ist.

Dagegen ist nichts einzuwenden. Es muß nur folgendes hervorgehoben werden: wenn man gewiß nicht sagen kann, daß der Pfeil zu ZA_t sich bewegt, so darf man ebenso gewiß nicht sagen, daß er ruht. Von Bewegung und Ruhe darf man nur inbezug auf eine Zeit*strecke* reden; für ein Zeitatom (oder Zeitpunkt) fallen beide Begriffe zusammen, d.h. maW, es darf keines von beiden angewandt werden. Bewegung und Ruhe beziehen sich auf das Bestehen eines Dinges in der Zeit, und zwar ist Bewegung das Bestehen an verschiedenen, Ruhe – am selben Orte. Darin besteht ihr Unterschied und darin ist auch ihre Relativität (und die Möglichkeit des Übergangs ineinander) fundiert: das räumliche Moment ist für beide sekundär, wesentlich ist das Bestehen zu verschiedenen Zeiten (was natürlich nur im Raume, aber nicht notwendig an einem Ort möglich ist). Und so ist die zenonische Frage (wie kann sich ein Ding bewegen) der anderen (wie kann ein Ding ruhen) völlig gleichwertig; es sind nur zwei Ausdrücke eines und desselben Problems. Die eigentliche Frage ist: wie kann ein Ding an einem ZA (Zeitpunkt) in ein anderes »übergehen« und wie dies »Übergehen« zu verstehen ist; ob ein örtlicher Übergang damit verbunden ist oder nicht, ist nebensächlich. Die Schwierigkeit besteht dabei im folgenden: existiert das Ding sowohl in ZA_t als zu ZA_{t+1}, so kann es nicht aus ZA_t in ZA_{t+1} »übergehen«; es ist dann aber auch nicht mehr ein Ding; existiert es dagegen nur in ZA_t, so ist es zwar ein Ding, aber in ZA_{t+1} »übergehen« kann es wiederum nicht, weil es eben in ZA_{t+1} nicht mehr existiert.

Nun kann man versuchen, aus der Not eine Tugend zu machen und die Rede von dem einen sich bewegenden Ding für sinnlos erklären. Das ist z.B. der Standpunkt der reinen Feldtheorie der Materie (etwa Mie), für die eine »Bewegung« nur im Sinne der »Bewegung« einer Wasserwelle besteht. Nach dieser Auffassung fliegt der Pfeil allerdings nicht, aber nunmehr aus dem einfachen Grunde, weil der Pfeil überhaupt nicht existiert. Das, was uns als Bewegung eines Dinges erscheint, ist »in Wirklichkeit« als das Auftreten der Singularitäten zu verschiedenen Zeiten an verschiedenen Stellen des Feldes. Es besteht freilich nach wie vor die Frage nach dem Wesen dieses »Erscheinens«. Sieht man aber von dem Subjekt ab, so wird das zenonische Paradoxon in der Tat aufgehoben, indem es als Wahrheit gesetzt wird: »objektiv« gibt es keine Bewegung eines Dinges, sondern nur qualitative Änderungen des Feldes.

Damit wird jedoch die eigentliche Schwierigkeit keineswegs aufgehoben: das Ruheproblem bleibt bestehen. Es wird oft gesagt (so z.B. Weyl), daß die Feldtheorie mit dem Substanzbegriff aufräumt. Das ist aber nicht richtig: sie leugnet nur die Möglichkeit der Bewegung einer Substanz. Sie substanzialisiert das Feld, d.h. maW, den Raum: das RA (Ort) ist eine (notwendig ruhende) Substanz, die im Laufe der Zeit ihren qualitativen Charakter wechselt. Und inbezug auf sie besteht das Ruheproblem. Die Tatsache der Qualitätsänderung ist dabei eigentlich wiederum (wie früher der Ortswechsel) nebensächlich, aber durch sie tritt die Schwierigkeit besonders deutlich hervor: zu ZA_t hat das RA die Qualität Q_1, zu ZA_{t+1} – Q_2; weder zu ZA_t noch zu ZA_{t+1} kann es aber seine Qualität ändern. Aber wie gesagt ist das nebensächlich: denn wenn man schon zuläßt, daß das Atom aus ZA_t in ZA_{t+1} »übergeht«, so kann man auch zulassen, daß während der Zeit (die eben nicht da ist!) dieses »Überganges« die Qualitätsänderung statthat. Und will man hier wiederum nicht von einem RA sprechen, sondern ebenso viele verschiedene annehmen als es ZA gibt, so hat man den dreidimensionalen Raum in einen vierdimensionalen verwandelt, in dem weder Ruhe noch Bewegung ist. Das Schlimmste ist aber, daß dieser Raum, um existieren zu können, in eine fünfdimensionale »Welt« eingebettet werden muß, und all die Schwierigkeiten, die wir vermeiden wollten, sind von neuem da.

Aus all dem Gesagten scheint nun folgendes hervorzugehen: eine »Lösung« des Pfeilparadoxes wäre nichts anderes als eine »Philosophie der Raum-Zeit-Lehre«. Die erörterte Schwierigkeit scheint auch unabhängig davon zu sein, ob man die »Welt« als diskret oder (im Sinne Cantors)[100] als stetig voraussetzt.

Ich persönlich kann nichts befriedigendes dazu sagen. Rein formal kann man vielleicht folgendes sagen: das Bestehen eines räumlichen Dinges in der Zeit ist die Menge verschiedener Dinge, welche identisch sind, sie können räumlich und qualitativ (Änderung), oder nur räumlich (Bewegung) oder nur qualitativ (Ruhe) verschieden sein; sie können aber auch weder räumlich noch qualitativ verschieden sein (Beharren); sie sind aber auch in diesem (wie in allem anderen) insofern verschieden, als ihnen verschiedene »Wirklichkeitswerte« zukommen (die auch als Qualitäten aufgefasst werden können); diese »Wirklichkeitswerte« bedingen zugleich die Identität dieser Dinge, indem nur ein Ding (ganz gleich welches) einen ausgezeichneten (Jetzt-)Wert erhält; dieses Ding bildet dann einen eindeutig bestimmten Schnitt der Menge, indem es die Nochnicht- und die Nichtmehrdinge trennt und eine feste Ordnung innerhalb beider Kategorien schafft. (Die Seinsweise des Nichtmehrdinges – der Begriff des Dinges; des Nochnichtdinges – das Gesetz??). Nun wurde zwar damit die Tatsache durch Worte beschrieben, da aber die verwendeten Worte keineswegs alle sinnvoll sind, ist dadurch gar nichts gewonnen.

Was die drei übrigen Argumente anbetrifft, so läßt sich zunächst folgendes über sie allgemein sagen: im Gegensatz zum ersten sind es spezifische Bewegungsargumente. Wie ich sagte, gehört die Schwierigkeit, die dem ersten Argumente zugrunde liegt, einer tieferen Schicht an als die, in welche der Unterschied von Bewegung und Ruhe fällt. Diese Schwierigkeit wird freilich auch in jedem der folgenden Paradoxe implizit ausgesprochen, da sie jedoch genau dieselbe ist, können wir sie nunmehr außer Betracht lassen. Das wesentlich neue der folgenden Paradoxien beruht sich ausschließlich auf Bewegung.

2) *Die Dichotomie:* Bewegung ist unmöglich, denn bevor das Bewegte an dem Ziel seiner Bahn anlangt, muß es die Hälfte der Strecke zurückgelegt haben usf. ins Unendliche.

Inbezug auf die infinitistische Hypothese ist dadurch in der Tat eine prinzipielle Schwierigkeit ausgedrückt. Für die finitistische fällt sie dagegen aus. Läßt man einmal die Möglichkeit des Übergangs aus RA_r in RA_{r+1} (Argument des Pfeiles) zu, so braucht das »Ding« bis zu einem festen RA nur endlich viele RA durchzulaufen und dazu ist (wenn nur das Ding sich nicht unendlich lange in einen RA anhält, – »unendlich langsame Bewegung«) eine endliche Zahl (Minimum: ZA = RA) der ZA nötig. (Vgl. dagegen Koyré, der das ZA als stetig voraussetzt; a.a.O., S. 606).

Voraussetzung dazu ist, daß der »Übergang« aus RA_r nach RA_{r+1} »außerhalb der Zeit« geschieht. Das ist gewiß eine Schwierigkeit, aber eine Schwierigkeit des Pfeiles. (Bewegung als Menge). Einen Ausweg könnte man vielleicht auf dem Wege einer Unterscheidung zwischen Änderung (speziell Bewegung oder Ruhe) und Vernichtung. Eine Änderung gibt es nur in der Zeit, d.h. sie setzt eine Vielheit der ZA voraus, sie ist eine *Vielheit*, die als Einheit fungiert. Dagegen ist die Vernichtung zeitlos (wie z.B. der Tod: solange man lebt, kann man nicht sterben, aber auch nicht, wenn man tot ist); bei ihr darf nicht mehr von Vielheit reden, denn die vernichteten Dinge sind schlechthin nicht da. Das »Ding« ist zu ZA_t in RA_r, »dann« wird es vernichtet (entweder schlechthin oder, wenn es zu ZA_{t+1} in RA_{r+1} ist, nur als in-RA_r-seiend) und entsteht von neuem in RA_{r+1}, sofern es aber in RA_{r+1} besteht, ist es zu ZA_{t+1}. Oder anders ausgedrückt: indem ZA_t aufhört, hört auch das »Ding« auf zu sein, da es nur in einer Zeit (ZA) sein kann; indem ZA_{t+1} entsteht, entsteht auch das »Ding«, das es zu jeder Zeit sein muß.[101] »Zwischen« ZA_t und ZA_{t+1} gibt es keine Zeit mehr und das raumzeitliche »Ding« kann demnach nur entweder in ZA_t oder ZA_{t+1} existieren. Wenn man das »Ding« für sich betrachtet, so ist es in ZA_t, solange es mit sich (räumlich und qualitativ) identisch bleibt; eine Verschiedenheit in ihm wird als eine solche in der Zeit aufgefaßt. Wird dagegen der ganze Raum betrachtet, so kann es wohl vorkommen, daß ein »homogenes« »Ding« zeitlich auseinanderfällt (Ruhe).

3) *Achill*: Bewegung ist unmöglich, weil das schneller Bewegte das langsamer Bewegte nie erreichen kann; wenn nämlich dieses einen Vorsprung hat, so muß jenes erst den Punkt errei-

chen, an dem dieses am Anfang der Bewegung war, usf. ins Unendliche.

Auch diese Schwierigkeit besteht nur inbezug auf die infinitistische Hypothese. Bei Zugrundelegung des diskreten Raumes haben alle (absolut) gleichförmigen Bewegungen gleiche Geschwindigkeit; das Langsame kann sich nur im Sinne der Periodizität (vgl. oben) »gleichförmig« bewegen. So aber fällt die Schwierigkeit weg: das langsame Ding bleibt während einiger ZA an einem RA, während das schnelle Ding räumlich fortschreitet. (Vgl. dagegen Koyré, der die Gleichförmigkeit der Bewegung voraussetzt, a.a.O., S. 606).

4) *Das Stadion*: »Drei Linien von gleicher Größe (zusammengesetzt aus der gleichen Anzahl unteilbarer Elemente) befinden sich in einem Stadion. Die eine ist unbeweglich, die beiden anderen bewegen sich parallel zu der ersten, aber in umgekehrter Richtung. In diesem Fall muß – nach der finitistischen Hypothese – ›die Hälfte gleich dem Ganzen sein‹, wie Zeno sagt. Denn in einem bestimmten, als unteilbar vorausgesetzten Moment muß ein und dasselbe Raumelement ein sowohl wie zwei Raumelemente passieren und folglich einem sowohl als zwei solchen Elementen gleich sein.« »Die unendliche Teilbarkeit der Zeit und des Raumes hebt die paradoxe Tatsache keineswegs auf, ja läßt sie sogar in besonderer Reinheit hervortreten, daß in einem bestimmten Augenblick ein und nur ein einziger Punkt der Linie B und ein solcher der Linie C vor einem bestimmten Punkt der Linie A passieren, wie ebenso auch vor einem solchen der Linie C resp. der Linie B. Einem Punkt O der Linie B entsprechen in jedem Augenblick [wie ebenso] ein und nur ein einziger Punkt

der Linie C – und trotzdem passiert die Linie C als ganze vor O, die Linie A aber nur zur Hälfte«.

Das scheint mir das schwächste der zenonischen Argumente zu sein. Inbezug auf die infinitistische Hypothese besteht allerdings die von Koyré hervorgehobene Schwierigkeit. Sie bezieht sich jedoch (wie Koyré a.a.O., S. 616 ausführt) auf die Punkttheorie des Kontinuums (Cantor) im Allgemeinen, nach der in einem endlichen Abschnitt »ebensoviele« Punkte enthalten sind wie in der ganzen unendlichen Linie. So ist es kein spezifisches Bewegungsargument.

Als solches aufgefasst (wie z.B. in der finitistischen Deutung) beruht es dagegen auf einem Mißverständnis, indem hier vom Koordinatensystem abgesehen wird. Wir können von der (philosophischen) Frage, was die Bewegung als »Sache selbst« ist, absehen. Denn hier wird sie im physikalischen Sinne, als Gegenstand einer Messung, d.h. eben als »Gegen-stand« betrachtet, und als solche ist sie notwendig auf ein »Subjekt« bezogen, d.h. auf ein bestimmtes K-System.[102] Damit das Argument sinnvoll wird, muß demnach ein K-System eingeführt werden; dann verschwindet jedoch die Schwierigkeit.

Die Strecken darf man nämlich nur an der festen K-Achse messen. Wählt man die ruhende Linie als Achse (man kann natürlich auch eine andere, irgendwie bewegte wählen), so legen die bewegten (wenn sie [die] gleiche Geschwindigkeit besitzen) in gleicher Zeit gleiche Strecken zurück. Wählt man dagegen eine der bewegten als Achse, so wird die andere bewegte die Strecke 2[·]1, die »ruhende« dagegen die Strecke 1 zurücklegen. Darin liegt keine Schwierigkeit, wenn man die Ungleichförmigkeit der beiden Bewegungen im Auge behält und außerdem die früher geforderte Pseudostetigkeit fallen läßt, die ja prinzipiell nicht notwendig ist.

Der Schein einer Paradoxie besteht nur inbezug auf die Relativität der Bewegung. Man meint, »derselben« Bewegung entspricht einmal die Strecke 1 und das andere Mal die Strecke 2[·]1. Das wäre allerdings paradoxal, wenn das inbezug auf dasselbe K-System gelten würde. So ist es jedoch nicht, und man darf demnach auch nicht von »derselben« Bewegung reden. Bewegung als messbare Größe hat nur dazu einen Sinn, wenn sie auf ein bestimmtes K-System bezogen ist; nur dann ist sie »dieselbe«. Führt man dagegen ein anderes K-System ein, so hat man auch eine andere Bewegung und es hat gar keinen Zweck zu sagen, es sei »dieselbe«, die im früheren System betrachtet wurde; es kann beidesmal »dasselbe« »Ding« sein, aber nicht sofern es bewegt ist, d.h. sofern ihm stets ein bestimmter (Geschwindigkeits-)Vektor zugeschrieben wird.

Damit will ich abschließen. Zum Schluß seien noch einige vergleichende Bemerkungen über die finitistische und infinitistische Hypothese gemacht.

An der grundlegenden Schwierigkeit gemessen, die dem Pfeilargument zugrunde liegt, erscheinen beide Hypothesen als vollkommen gleichwertig. Das hängt wohl damit zusammen, daß in beiden Theorien die einzelnen Elemente voneinander durch Nichts getrennt, also eigentlich nicht getrennt sind, und trotzdem als feste und in sich abgeschlossene angesehen werden.[103] Inbezug auf die drei anderen Argumente Zenos scheint dagegen die finitistische Hypothese der Punkttheorie überlegen zu sein. Da jedoch die infinitistische Hypothese nicht notwendig im Gewande der Punkttheorie erscheinen muß, so ist damit wenig gesagt.

Sollen *alle* physikalischen »Gegenstände« (im weitesten Sinne) eine atomare Struktur besitzen, so ist es wohl natürlicher eine diskrete »Welt« als Vertretungsbegriff der physischen zu wählen. Prinzipiell scheint dem nichts im Wege zu stehen. Indes darf man nicht vergessen, daß sogar die Geometrie des diskreten Raumes mathematisch noch nicht ausgearbeitet ist,[104] geschweige denn eine Mechanik in einer diskreten »Welt«, und so ist man auch nicht sicher, daß auf diesem Wege keine unüberwindliche (oder wenigstens sehr große) Schwierigkeiten liegen. So ist es (zunächst wenigstens) praktisch am zweckmäßigsten, solange es geht[105] mit der stetigen »Welt« zu arbeiten. Jedenfalls wird es nur die Physik selbst entscheiden können, ob eine diskrete »Welt« ihren Untersuchungen zugrunde gelegt werden soll, und wie insbesondere die Struktur derselben näher aufzufassen sei. Nur eines wird man wohl schon jetzt sagen dürfen:[106] soll dem Raume eine atomare Struktur beigelegt werden, so muß dasselbe auch für die Zeit geschehen und umgekehrt; Minkowski hat gezeigt, daß Raum und Zeit für sich genommen keine physikalische Bewegung haben, und so kann auch der räumliche (oder zeitliche) Atomismus nur als »Weltatomismus« physikalisch sinnvoll sein. *Streng* genommen läßt sich der »Dingatomismus« nur auf der Grundlage des »Weltatomismus« durchführen, da sonst das »Atom« höchstens nur praktisch und nie prinzipiell unteilbar sein kann; doch braucht die Physik ihre Begriffe keineswegs »streng« zu nehmen.

Auch wenn man von den etwaigen rein mathematischen Schwierigkeiten absieht, ist es kaum möglich, eine eindeutige Wertschätzung der beiden Hypothesen anzugeben. Gewisse logische und anschauliche Schwierigkeiten der infinitistischen Hypothese (wenigstens der Punkttheorie) werden in der finitistischen vermieden, dagegen treten aber in dieser neue auf, die in jener nicht vorhanden waren. Nur eines scheint zugunsten der finitistischen Annahme zu sprechen; daß nämlich die diskrete »Welt« vielleicht eher als die stetige im »statistischen« Sinne aufgefasst werden kann; denn würde das zutreffen, so wäre die diskrete »Welt« wesentlich dazu bestimmt als die physikalische zu fungieren, d.h. als der (wenn auch notwendig inadäquate) Vertretungsbegriff der physischen »Welt«.[107]

Das gilt aber natürlich nur für die Physik: in der Mathematik dürfen und müssen beide »Welten« nebeneinander untersucht werden; auf die biologische oder gar wirkliche Welt wird sich dagegen wohl weder die eine noch die andere Hypothese (wenigstens in ihrem gewöhnlichen mathematischen Sinne) anwenden lassen.[108]

Boulogne s/ Seine
24.IV.29

1 Diese Deutung ist nicht historisch gemeint.

2 Vgl. Heidegger: Logos = Rede.

3 Die Trennung von Philosophie und Wissenschaft ist eine sachlich-terminologische, keine wertende; sie soll darauf hindeuten, daß ein wesentlicher Unterschied zwischen beiden besteht, d.h. daß die Philosophie ein selbständiges und abgeschlossenes Gebiet ausmacht.

4 Dieser Truismus wird manchmal zum sog. »Idealismus« sublimiert.

5 Das ist ungenau, genügt aber für unsere Zwecke. Das »Verstehen« durch mich ist eben ein »Aspekt« des »Unterschiedes«, während der zur »Sache selbst« gehörende »Unterschied« die Totalität aller möglichen »Aspekte« ist?

6 Übrigens gehen in der letzten Zeit diese Forschungen mehr und mehr in die Hände der Wissenschaftler über.

7 »Nicht-Gegen-stand« ist hier nicht »kein Gegenstand«; »potentiell« ist auch er »Gegenstand«, nur nicht »aktuell«, d.h. nicht als »Sache« *dieser* »Sache-selbst«.

8 Wenn man die Erkenntnistheorie auf die Wissenschaft beschränkt und dabei bedenkt, daß einerseits der »Gegenstand« nicht »an sich«, sondern nur als Objekt einer faktisch bestehenden Wissenschaft existiert, und anderseits das den »Gegenstand« erkennende Subjekt nicht der konkrete Mensch, sondern »das wissenschaftliche Bewußtsein« ist, so wird man auch das Gerede von einem »erkenntnistheoretischen Subjekt« sowie die »idealistische« Deutung der Wirklichkeit (etwa im »Idealismus« der Marburger Schule, der mit der Philosophie eines Hegels, geschweige denn eines Kants, nichts zu tun hat) verständlich. Damit soll nicht gesagt werden, daß eine Philosophie der Wissenschaft notwendig »idealistisch« ist, sondern nur daß die sonst jeglichen Sinnes bare »idealistische« Begriffsbildung in der Anwendung auf Wissenschaft einen Sinn erhalten hat.

9 Bei dieser Gelegenheit soll bemerkt werden, daß die »Stufen« der »Sachen selbst«, darin es vielleicht unendlich viele gibt, jedenfalls eine obere Grenze haben, die (wenigstens im Ideal) durch die allge-

meine Philosophie gebildet wird. Die ideale (nur im Schweigen erreichbare?) Philosophie hat nicht etwa eine »Sache-selbst« zum Gegenstand (sonst wäre sie ja Wissenschaft), sondern *ist* eben *die* Sache selbst. Noch ungenauer (dafür aber den tatsächlichen Verhältnissen besser angepasst) kann man dies auch so ausdrücken: da die Philosophie eine »verstandene Sache« beschreibt, so muß sie auch das philosophische Verstehen (und Beschreiben) zur Sache hinzunehmen, d.h. zugleich sich selbst verstehen; sie ist eben die »auch-philosophisch verstandene Sache selbst«. Das scheint mir der wahre Sinn der »Idee« Hegels zu sein, die so oft (von Schelling wohl bewußt) »idealistisch« mißverstanden wurde. Freilich hat Hegel selbst zu einem solchen Mißverständnis sehr oft Anlaß gegeben.

10 Nur über die Beziehungen zwischen Philosophie und Mathematik soll weiter unten einiges gesagt werden. Vgl. Anm. 26.

11 Hier ist die »klassische« Physik gemeint.

12 In der klassischen Physik wurde wenigstens die Möglichkeit einer will[kürlichen] Abgrenzung angenommen. Die moderne Physik (darunter ist die Physik seit etwa 1900, speziell seit 1926 verstanden) scheint diese Möglichkeit zu leugnen. (Vgl. N. Bohr; Das Quantenpostulat [und die neuere Entwicklung der Atomistik], Naturw[issenschaften] 1928, Heft 15, S. 245 rechts, Mitte und sonst.) [doi.org/10.1007/BF01504968]

13 Dies ist nicht voller Deutlichkeit von H. Weyl erkannt und angesprochen worden. Vgl. z.B. Das Kont[inuum] Lpz. 1918. S. 72; Philosophie der Mathematik, München 1927, S. 57 und 88ff; RZM [Raum, Zeit, Materie], 4. Aufl., Bln. 1921, S. 8.

14 Das Koordinatenproblem ist eines der wichtigsten Probleme der Erkenntnistheorie der Physik.

15 Die Forderung der Invarianz scheint (?) explicite erst vor kurzem aufzutreten. Doch schon die Trennung »primärer« und »sekundärer Qualitäten« gehört prinzipiell hierher. Denn wenn es auch möglich wäre, diese »sekundären Qualitäten« auf ein (»subjektiviertes«) K-System zu beziehen, so wären sie doch nicht invariant. Allgemein: während die Philosophie im »Unterschiede« die Totalität der (fakti-

schen?) Variationen des »Verstehens« zusammenfasst, behält die Physik nur das allen Variationen Gemeinsame (»Statistischer Gegenstand«?).

16 Nach Minkowski werden wir die vierdimensionale Raum-Zeit-Mannigfaltigkeit nun »Welt« nennen.

17 A. Koyré: Bemerkungen zu den zenonischen Paradoxen. Jahrbuch für [Philosophie und phänomenologische Forschung], Bd. V, S. 603-628. [doi.org/10.1515/9783110329414.707]

18 A.a.O., S. 605 ff.

19 [Endnote fehlt]

20 A.a.O., S. 608.

21 Ausgabe Weyl, 3. Aufl. Bln. 1929, S. 20.

22 A.a.O., S. 47. Derselbe Weyl bemerkt allerdings, daß die atomistische Deutung des »Kontinuums« »bisher immer bloß Spekulation« war, »in den ersten Anfängen stecken geblieben« und »niemals den geringsten Kontakt mit der Wirklichkeit gewonnen« hat. Vgl. Weyl: Philosophie der Mathematik, München 1927, S. 35.

23 Ohne die betreffenden Autoren auf dieselbe Stufe wie Weyl oder ja Riemann stellen zu wollen, sei auf die zwei ersten Hefte der (von [Léon] Brillouin herausgegeben) »Collection de suggestions scientifiques« (Paris 1928) hingewiesen. Außerdem kann noch folgendes erwähnt werden. Die Matrizenmechanik postuliert nicht die Diskontinuität der Welt. Sie operiert aber durchweg mit Größen, die das Kommutativgesetz der Multiplikation nicht befolgen. Nun hat Hilbert (Grundlagen der Geometrie) nachgewiesen, daß auf Grund der Axiome der Anordnung und Verknüpfung allein, d.h. eben unter Fortlassung der Stetigkeitsaxiome, die Geometrie als ein dreifach ausgedehntes System von Zahlen erscheint, für die das [Kommutativgesetz] nicht gilt. Wäre es etwa nicht natürlicher, die Größen der mathematischen Mechanik in einen nicht kontinuierlichen Raum einzubetten? (Vielleicht Unsinn).

24 Es würde z.B., wie Weyl hervorhebt, in einem diskreten Raume die Diagonale eines Quadrats ebenso lang sein wie die Seite.

25 Für die »klassische« Kant-Theorie hat dies Koyré nachgewiesen. A.a.O. §§9 und 13.

26 1. *Physik und Philosophie*. Der Gedanke, daß Philosophie und Physik im oben angegebenen Sinne wesensverschieden sind, ist nicht neu. Es wurde z.B. von Duhem ausdrücklich geäußert. [»Die metaphysischen und religiösen Lehren« – sagt er – »stellen Urteile über die objektive Realität dar, wohingegen die Prinzipien der physikalischen Theorie Aussagen mithilfe einer mathematischen Notation machen, die keine objektive Existenz besitzen; da sie keinen gemeinsamen Begriff haben, können diese beiden Urteilsweisen weder übereinstimmen noch sich widersprechen.«] (La théorie physique, 2. Ed., Paris 1914, S. 431). Wenn wir hier das Wort »réligieuses« schreiben statt »réalité objective« – »Sache-selbst« statt »signes« etc. – Abstraktion (= Gegen-stand) setzen, so wird die wörtliche Übereinstimmung mit dem oben Gesagten deutlich. Doch hat Duhem selbst [sich] an der Strenge dieser Scheidung nicht gehalten. (Vgl. »Physique de croyant«, §§ 6-9). Die Metaphysik (die er auch »cosmologie« nennt!) soll sich ihm auf denselben »faits d'expériences« und »lois expérimentales« aufbauen wie die Physik (S. 442). Nur darf sie keine physischen *Theorien* verwenden (S. 444). Wenn aber so, dann wäre diese »Metaphysik« nichts anderes als eine Physik (jedenfalls eine Wissenschaft), die auf rein experimenteller Grundlage aufgebaut ist, deren Unmöglichkeit jedoch von Duhem selbst nachgewiesen wurde. Duhem sagt, daß zwischen der »Cosmologie« und der (idealen) Physik eine »Analogie« besteht, die nicht Identität bedeutete (S. 456f.). Aber aus seinen Ausführungen geht es nicht deutlich hervor, worin der Unterschied zwischen beiden besteht. Auch der Hinweis auf Aristoteles, dessen »Cosmologie« der idealen Physik am meisten »analogue« sein soll (S. 465 ff.), macht die Sache nicht klarer; denn obwohl Aristoteles zweifellos ein erster Philosoph war, der nicht »konstruieren«, sondern die »Sache selbst« beschreiben wollte (vgl. die Interpretation Heideggers), so ist nichtsdestoweniger gerade bei ihm das Philosophische mit dem Wissenschaftlichen auf Schritt und Tritt vermengt. Und es scheint, daß Duhem eben den physikalischen Teil der Lehre Aristoteles' im Auge hat.

Doch brauchen uns diese Schwankungen Duhems nicht länger aufzuhalten. Wir glauben jedenfalls, daß sein zitierter Satz in aller Strenge aufrechtzuerhalten ist, wenn auch aus etwas anderen Gründen. Wichtiger ist, daß die Vermengung mit der Wissenschaft für die ganze abendländische Philosophie, von Thales bis Husserl (vgl. seine Pariser Vorträge 1929), charakteristisch ist. Daß so etwas wie eine Philosophie der »Sachen selbst« möglich ist, kann man nur zeigen, entweder indem man eine derartige Philosophie aufbaut, oder historisch nachweist, daß derartiges bereits aufgebaut wurde. Keines von beiden kann hier, selbstverständlich, geleistet werden, so daß wir uns mit der Bemerkung begnügen müssen, daß unserer Meinung nach alle »eigentlichen« Philosophen Philosophie in diesem Sinne getrieben haben. (Als »uneigentliche« *Philosophen* sehen wir diejenigen an, die nicht auf die »Sachen selbst« zurück-, sondern von *philosophischen* (keinen wissenschaftlichen) Begriffen bzw. Systemen ausgehen und durch deren Kombination, formale Abänderung und abstrakte Deduktion formal-logische Gebilde konstruieren, die philosophische *Systeme* genannt werden. Beide Typen des Philosophierens können übrigens und werden sogar meistens in einem Menschen vereinigt. Anderseits wird man aber wohl kaum einen Denker finden, bei dem keine wissenschaftlichen Theorien vorzufinden sind. Man kann auch sagen, indem man Hegels Terminologie verwendet, daß der Wesensunterschied von Philosophie und Wissenschaft zwar »an sich«, aber nicht immer »für sich« vorhanden ist.

So beruht die Descartes-Husserl'sche Forderung einer »absoluten« Fundierung der Wissenschaft durch die Philosophie auf einem Mißverständnis. Auch wenn es eine absolut wahre philosophische Ontologie gibt (ganz abgesehen davon, ob es derer nur eine einzige oder unendlich viele gibt), so kann sie doch als Grundlage einer Wissenschaft nicht verwendet werden. Denn diese Ontologie wird sich auf die wirkliche, *verstandene* Sache beziehen, während die Wissenschaft diese Sache zersplittert und es mit einem [dem] außer Betracht bleibenden »Subjekt« gegenüberstehenden »Objekt« zu tun hat. Die »Grundlagen« und »letzten Voraussetzungen« der Wissenschaft gehören eben zur Wissenschaft selbst, die philosophischen Begriffe finden in der Wissenschaft keinen Platz und die Wissenschaft darf in die Philosophie nicht hereingebracht werden. So ist z.B. der Begriff der physikalischen Kausalität vom Standpunkte der Philosophie aus betrachtet weder wahr noch falsch; oder vielmehr, er ist wahr innerhalb eines als »Sache selbst« betrachteten, bestimmten historischen physikalischen Systems, welches das Kausalprinzip zur Grundlage hat, und falsch inbezug auf ein anderes, welches dasselbe ausschließt. Die Philosophie kann nur danach fragen, ob eine »Sache selbst« dem Kausalprinzip entspricht, und was diese Sache ist. Aber wie auch die Antwort ausfallen mag, nie und nimmer wird sie als Grundlage einer physikalischen Theorie dienen können. Und umgekehrt wird auch eine alle »Erscheinungen« umfassende und voraussagende physikalische Theorie nie und nimmer als Bestandteil eines philosophischen »Systems« fungieren können.

Die Vermengung mit der Wissenschaft hat in der Philosophie viel Schaden angestiftet. Ohne über den philosophischen Wert der Naturphilosophie eines Schellings oder Hegels ein Urteil zu fällen, kann man doch sagen, daß das Bestreben, einen »Anschluss« an die Wissenschaft zu finden, deren Gedankengänge oft entstellt hat. Der umgekehrte Fall, daß philosophische Tendenzen auf eine wissenschaftliche Theoriebildung störend wirkten, ist zwar seltener, aber auch vorgekommen. Wenn der Bruch mit der romantischen Naturphilosophie von der deutschen Wissenschaft des XIX. Jahrhunderts als eine Befreiung empfunden wurde, so war das völlig begreiflich. Weniger begreiflich war es aber, daß der (in jener Zeit allerdings recht kümmerlichen) Philosophie die gleiche Empfindung fehlte. All das darf natürlich nicht in dem Sinne verstanden werden, als ob ein Philosoph nicht Wissenschaft, ein Wissenschaftler nicht auch Philosophie treiben dürfte. Aber in beiden Fällen wird eine klare Einsicht in die Wesensverschiedenheit von Philosophie und Wissenschaft von größtem Nutzen sein. Der Philosophie insbesondere sollte das erschütternde Bild des greisen Kants, der vergeblich einen an sich unmöglichen »Übergang von der Philosophie zur Physik« sucht, stets als warnendes Beispiel dienen.

2. *Physik und Mathematik.* Hier kann es keine Rede davon sein, die Verhältnisse zwischen Mathematik und Physik genau zu erörtern. Einige lose und unbegründete Bemerkungen mögen daher genügen.

Daß Mathematik und Physik verschieden sind, war bis vor kurzem wenigstens ebenso klar, als daß eine enge Verwandtschaft zwischen beiden besteht. Die Verschiedenheit sah man darin, daß die Gegenstände der Physik »wirklich«, diejenigen der Mathematik »nur ideal« sind; die Verwandtschaft äußerte sich in der Tatsache der »Anwendung« der Mathematik auf die physikalischen Gegenstände. Etwas Wahres ist in dieser Meinung sicherlich enthalten, aber viel schwieriger ist es anzugeben, worin eigentlich die behauptete Verschiedenheit besteht, und was den Grund der Anwendungsfähigkeit ausmacht, sowie den Sinn dieser »Anwendung« bloßzulegen. Aus Mangel einer bestimmten Antwort auf diese Frage folgte die Unmöglichkeit, eine genaue Grenze zwischen Physik und Mathematik festzusetzen. So kam es z.B. zu Streitigkeiten darüber, ob die Geometrie zur Mathematik oder zur Physik zu rechnen sei. Eine zeitlang schien es, daß sich die ganze Physik in Geometrie (d.h. Mathematik) auflösen läßt (vgl. z.B. die 3. Aufl. von Weyls RZM), während früher die Geometrie manchmal als eine empirische, physikalische Wissenschaft aufgefasst wurde (z.B. von Helmholtz). Wenn die Geometrie den »wirklichen« Raum untersucht, so muß sie nach dem angegebenen Kriterium zur Physik gerechnet werden. Aber leider gibt es viele Geometrien, und außerdem steht es auch nicht fest, welche von ihnen den »wirklichen« Raum beschreibt. Anderseits sträubt man sich unwillkürlich dagegen, Physik und Geometrie zu identifizieren, ohne freilich angeben zu können, wo denn eigentlich die Physik beginnt.

Es geht offenbar nicht an, Physik und Mathematik als angenäherte und genaue Wissenschaft einander gegenüber zu stellen. Bereits [Felix] Klein (vgl. Elementarmathematik, Bd. III) wies darauf hin, daß es neben einer Präzisions- auch noch eine Approximations*mathematik* gibt, eine Tatsache, die neuerdings besonders deutlich von Bachelard (Essai sur la connaissance approchée, [Paris 1928]) gezeigt wurde. Und doch fühlt man, daß in dieser Behauptung ein Kern der Wahrheit enthalten ist: es gibt ja keine Präzisionsphysik. Will man die mathematische Behandlung des dreidimensionalen Raumes als eine zur Physik gehörende »Anwendung« der Mathematik ansehen, so steht dem formal nichts im Wege, aber die dadurch hergestellte Trennung wird vom mathematischen Standpunkt aus immer als künstliche erscheinen. Mathematisch weniger künstlich wäre es, wenn man alle mathematischen Ausführungen, die den Gebrauch der Koordinaten wesentlich voraussetzen, zur Physik rechnen wollte. Aber zur Physik müßten dann Theorien gehören, die mit der von der Physik als wirklich angesehenen Welt nichts zu tun hätten. Und doch ist es sehr bezeichnend, daß die Mathematik prinzipiell ohne Koordinaten auskommen kann (Symmetrie? rechts-links?), daß die Einführung derselben bereits als eine »Anwendung« erscheint (»Arithmetisierung der Mathematik« nach dem Ausdruck Kleins; Hilberts Auffassung der Mathematik als einer inhaltsleeren allgemeinen Formenlehre), während der Gegenstand der Physik immer raum-zeitlich fixiert ist (was natürlich nicht ausschließt, daß gewisse physikalische Theorien ohne Gebrauch von Koordinaten durchgeführt werden können?). Will man endlich die Einführung gewisser Begriffe, wie Zeit, Masse usf. als für die Physik charakteristisch ansehen, so wird dadurch zwar eine genaue und für rein klassifikatorische Zwecke vielleicht brauchbare Abgrenzung hergestellt, aber man wird doch nicht den Eindruck gewinnen, damit etwas Wesentliches getroffen zu haben. Denn es ist keineswegs klar, warum die Auszeichnung einer Variablen und deren Benennung mit t, oder die Einführung des Buchstaben m für den Proportionalitätsfaktor zwischen d^2x/dx^2 und $f(x, y, \ldots)/x$, schon Physik sein soll. (Damit soll nicht geleugnet werden, daß die Einführung derartiger Begriffe gewisse Gebiete *innerhalb der Mathematik* abgrenzt. Die Untersuchung der immanenten Struktur der Mathematik ist sehr wichtig, interessiert uns aber in diesem Zusammenhange nicht).

Eines steht jedenfalls fest. Mathematik und Physik haben es beide nicht mit »Sachen selbst«, sondern mit »Gegenständen« zu tun; beide sind Wissenschaften. Der Unterschied beider kann nur als Unterschied entweder dieser Gegenstände oder der Methoden als Behandlung (oder auch beider zugleich) aufgefasst werden. Nun gibt es in der Physik experimentelle Methoden, die in der Mathematik keinen

Sinn haben. Anderseits nehmen mathematische Methoden einen immer breiteren Raum in der Physik ein. Die experimentelle Methode dient einerseits dazu, Material zu sammeln, das dann mathematisch behandelt werden soll, und anderseits werden durch sie mathematisch gewonnene Sätze geprüft. Es ist gewiß belanglos, ob die mathematische Methode von Physikern oder Mathematikern erfunden und angewandt wird. Es ist einer mathematischen Formel auch nicht anzusehen, ob sie einen physikalischen Sinn hat; dies soll eben das Experiment zeigen. Belanglos ist es ferner, ob eine mathematische Überlegung durch experimentell gewonnene physikalische Tatsachen angeregt wurde oder immanent entstand; auch das läßt sich an ihr nicht erkennen. Die mathematische Physik ist nur insofern Physik, als sie ihren Formeln beobachtbare Dinge entsprechen läßt; die Formeln selbst sind mathematisch und nur mathematisch. Schematisch könnte man sich die Sachlage folgendermaßen vorstellen. Erstens wird a) eine physikalische Wesenheit durch Beobachtung aufgedeckt und b) begrifflich fixiert; zweitens wird dieser physikalische Begriff mit einem mathematischen identifiziert (beides gehört zur Physik); drittens wird der mathematische Begriff behandelt (Mathematik); viertens durch Beobachtung physikalische Wesenheiten aufgesucht, die den mathematischen Folgerungen entsprechen (Physik); findet man statt des Entsprechens einen Widerspruch, so muß man die auf der zweiten Stufe vollzogene Identifizierung als falsch bezeichnen und eine neue versuchen usf.

Das Gesagte ist trivial; (übrigens darf man nicht vergessen, daß jede restlos evidente Wahrheit trivial ist; Trivialität ist eine reine »subjektive« Kategorie und eine nicht-triviale Wahrheit ist eine solche, die vom »Subjekt« irgendwie doch als zweifelhaft empfunden wird; es ist nicht klar, warum Wahrheiten des letzteren Typus den trivialen übergeordnet sein müssen; wohl nur deshalb, weil sie »interessanter« sind); in der Mathematik gibt es keine Beobachtung, die Physik qua Physik ist auf Beobachtung gegründet (allerdings wird das erstere manchmal geleugnet). Darüber, was Mathematik und Physik seien, gibt uns dies keine Auskunft. Diese suchen wir hier aber nicht, sondern nur einen Unterschied zwischen beiden. Freilich ist die vorgeschlagene Unterscheidung klassifikatorisch unbrauchbar, denn nach ihr müßte man in jedem physikalischen Buche einen physikalischen Teil von einem mathematischen trennen. Auf deren Grund läßt sich aber, wie mir scheint, eine sachlich zutreffende Abgrenzung von Mathematik und Physik aufbauen.

Wenn wir Beobachtung von der reinen Mathematik ausschließen, so meinen wir die »sinnliche« (im weitesten Sinne des Wortes) Beobachtung; die Frage nach einer »intellektuellen« Anschauung a priori mathematischer Wesenheiten (sowie die nach dem Sein derselben) soll offen gelassen werden. Wenn ferner das Vorhandensein einer Beobachtung zur Abgrenzung der Physik von der Mathematik genügt, so genügt sie natürlich nicht, um dieselbe von anderen Wissenschaften abzugrenzen; dies wollen wir hier aber auch nicht.

Zur Physik qua Physik gehört folgendes. Als erstes die schlichte Beobachtung: Faktisch beobachtete Dinge sind »Sachen selbst«; diese können beschrieben werden, aber das ist Philosophie. Die Physik (wie jede Wissenschaft überhaupt) zerlegt die »Sache selbst«, was nur einem »Ich« möglich ist (wieder eine Trivialität – nur Menschen können Wissenschaft treiben; zugleich bedeutet das: Wissenschaft ist eine Handlung – karman – sie gehört zur »aktiven«, nicht zur »kontemplativen« Sphäre). Der »Sache selbst« steht das »Ich« gegenüber, aber nicht als erkennend, sondern als (frei-)handelnd. Diese Tatsache ermöglicht die wissenschaftliche Einstellung: Hier wird nicht die »Sache selbst«, sondern die »Sache« (samt aller ihrer »Qualitäten«, d.h. so wie sie beobachtet wird) dem »Ich« gegenüber gestellt, welches selbst ausgeschaltet wird, [das] bei einer, zur Wissenschaft eigentlich nicht gehörenden Besinnung (Erkenntnistheorie), aber nur als »erkennendes Subjekt« erscheint, was es in Wahrheit gar nicht ist. Das Subjekt ist in der Wissenschaft ein dimensionsloser »Punkt«, aber als solcher Zentrum, und indem jede Sache für die Wissenschaft »ich-zentriert« ist, wird sie aus der Totalität herausgehoben und als isoliert (von Umwelt und Subjekt) existierend aufgefasst. So besteht auch die Physik nicht aus beobachteten Dingen, sondern aus Beobachtungen *von* Dingen; das physikalische Ding ist nicht so sehr ein faktisch beobachtetes, als ein beobachtbares, und die Tatsache der faktischen Beobachtung erscheint der Physik als »zufällig«. Dies ist der Ursprung aller Wissenschaft, denn durch diese (freie) Handlung (ein auf anderes nicht zurückführbarer Handlungstypus) entsteht erst die wissenschaftliche bearbeitbare Welt. Anderseits ist dies aber auch nur der Ursprung. Die Physik begnügt sich nicht damit, die »Sache«, eine »Sache selbst« als »Gegen-stand« zu setzen, sondern bearbeitet dieselbe, indem sie all das in den »Subjektpunkt« hineinjagt, (d.h. aus ihrem Betrachtungsfelde ausschaltet), was gegenüber der von ihr jeweils verwendeten Koordinatentransfigurationen (am Anfang gelten konkrete Menschen als Koordinaten; – »sekundäre Qualität«) nicht invariant ist (ein – vorläufiger? – Abschluß dieses Prozesses wurde in den letzten Jahrzehnten erreicht, mit der Forderung der Invarianz gegenüber aller [sic!] – allerdings regulärer und eindeutiger, mit einer von 0 verschiedenen Funktionaldeterminante mit Wahrung der raum- und zeitartigen Transformationen).

Damit sind wir aber bereits von der schlichten Beobachtung zum zweiten Moment, zur physikalischen Begriffsbildung gelangt. Der isoliert (d.h. »objektiv«) existierende »Gegen-stand« wird nicht in seiner Existenz gelassen, sondern durch das Urteil (jedes Urteil) aus seiner »hier-jetzt-«Existenz »herausgehoben« (wieder ein ursprünglicher Handlungstypus – Urteilen), bzw., das bereits vernichtete Ding des »unmittelbarvorangehenden« Moments »aufbewahrt«, und als nur (dafür aber raum- und zeitlos) seiend in der »ideellen Welt« gesetzt, der jeweilige »Gegen-stand« wird so Begriff (und zwar Allgemeinbegriff, sofern das »Aufheben« nur einmal geschah). Als drittes Moment finden wir das Hantieren mit den auf diese Weise gewonnenen Begriffen, wobei das Wichtigste die Schau von Relationen zwischen ihnen ist (Relationen gibt es *nur* zwischen Begriffen) (dies Hantieren ist ein neuer Handlungstypus).

Alle drei Momente gehören zur (experimentalen) Physik, aber das dritte ist das wichtigste. Hier muß sich auch die Eigenart der physikalischen Betrachtungsweise, im Unterschied zu der anderen Wissenschaft, zeigen; es wird innerhalb der Begriffswelt ein Gebiet physikalischer Begriffe abgegrenzt und darin gearbeitet. Das Resultat dieser Arbeit sind die sogenannten »empirischen« Gesetze.

Nun gibt es jedoch neben der experimentalen noch eine mathematische Physik. Mit ihr haben wir ein viertes Moment gewonnen. Eine physikalische Wesenheit (Begriff oder Begriffskonfiguration) wird mit einer mathematischen identifiziert: schematisch – es wird eine Gleichung aufgestellt. Damit stehen wir an den Grenzen der eigentlichen Physik, denn die weitere Bearbeitung der mathematischen Wesenheit gehört zur Mathematik.

Man kann aber auch umgekehrt verfahren. Man kann eine mathematische Wesenheit (die übrigens eine Konsequenz der eben erwähnten mathematischen Bearbeitung sein kann und meistens ist) herausgreifen und nach einem physikalischen Begriff suchen, der ihr entspricht. Durch »Erfüllung« dieses Begriffs (ein neuer, zum Urteilen komplementärer Handlungstypus) kann sodann der Anschluß an die Beobachtung vollzogen werden. Ist dies nicht möglich, so wird die Wesenheit als nur mathematische aus der Physik entfernt (»experimentelle Nachprüfung«). All das kann man im gewissen Sinne zusammenfassend als fünftes und letztes Moment bezeichnen.

Leugnet man die »intellektuelle Anschauung«, so muß man sagen, daß die Mathematik eine ähnliche Entwicklung durchmacht. Doch scheidet das fünfte Moment jedenfalls aus. Aber auch die übrigen vier gehören nicht zur Mathematik selbst, sondern sind nur für eine (psychologisch-erkenntnistheoretische) Betrachtung derselben da. Die immanente (axiomatische) Betrachtung kennt nur eine Reihe Grundrelationen (Axiome) zwischen Wesenheiten, die als solche gar nicht auftreten (implizite Definitionen), gewisse Hantierungsmethoden mit denselben und die daraus entstehenden Konsequenzen. Betrachtungen über den Ursprung der Axiome sind der Mathematik transzendent. Dies ist wesentlich, denn der Ursprung der *physikalischen* »Axiome« wird von der (experimentalen) Physik selbst untersucht. (Vgl. Poincaré, La Science et l'Hypothèse, Paris 1927, S. 163f.) In den beiden ersten Momenten wird ja nichts anderes getan als Material für das eigentlich physikalische Denken (der 3. und 4. Momente) geschaffen, während die Mathematik ihr Material (die Axiome) immer als bereits vorhanden betrachtet.

Diese Tatsache gründet in der spezifischen Verschiedenheit des mathematischen und physikalischen Gegenstandes. Und so sehen wir, daß der Unterschied der Methoden bei der Wissenschaft im Unterschiede ihrer Gegenstände fundiert ist. Denn wenn es aber gesagt wurde, daß (im vierten Moment) eine physikalische Wesenheit mit einer mathematischen identifiziert wird, so bedeutet das nicht, daß sie identisch *sind*. Diese Identifizierung geschieht nur, um den Übergang in die Mathematik zu ermöglichen, aber eine mathematische Wesenheit gehört nur dann zur Physik, wenn sie auch als eine physikalische verstanden wird. (Beispiel: die meisten Physiker sind der Meinung, daß nicht jeder Schritt der mathematischen Deduktion einen physikalischen Sinn haben muß, sondern nur das Ergebnis; für die Mathematik ist dagegen jeder Schritt von gleicher Art mit dem Resultat). Die Physik, wie jedes (diskursive, redende) Denken überhaupt, kann nur mit Begriffen (= sinnvollen Worten) operieren, aber ein Begriff ist nur dann ein physikalischer, wenn er als ein einem »objektiv« existierenden Sachverhalt entsprechender aufgefasst wird. In der Bedeutung jedes physikalischen Wortes schwingt dieses Bezugnehmen auf die »Wirklichkeit« (immer im Sinne der Physik selbst verstanden) mit, im Gegensatz zum mathematischen Wort, das zugleich auch das Gemeinte ist (und zwar das von der Mathematik gemeinte; für eine transzendente Betrachtung kann ihm wohl eine »ideelle« Wesenheit entsprechen). Dies soll nur mit einigen Worten erklärt werden.

Zunächst ist klar, daß wir auf diese Weise mathematische und physikalische Begriffe als »Sachen selbst« genommen unterschieden haben, wenigstens insofern, als wir das Verstehen des Begriffs seitens der betreffenden Wissenschaft mit zum Begriff rechnen. »An sich« kann ein Begriff sowohl ein mathematischer als physikalischer sein; er wird dies oder jenes, indem er so oder so gemeint ist.

Wie ist nun ein physikalischer Begriff, der mit einem mathematischen identifiziert wurde, gemeint? (Im Folgenden soll versucht werden anzugeben, wie eine sich selbst richtig verstehende Physik ihre Begriffe oder Gegenstände auffasst. Die historische Physik hat dies keineswegs so getan und nur die neueste – seit etwa 1926 – nähert sich dieser Auffassung. Aus ihr sollten sich aber alle historisch überlieferten Auffassungen deuten lassen. – Meine Interpretation ist von der neuesten Wendung unabhängig entstanden, ist jedoch, wie diese Wendung selbst, durch die vorangehende Entwicklung der Physik bedingt. – Im Folgenden wird die Atomtheorie der Materie als gesicherte physikalische Wahrheit angesehen. Das will sagen, daß die in den Atomen [gebildeten] »Dinge« im Grunde genommen gar keine Gegenstände dieser Physik, sondern »anthropologische Residuen« sind. – Die Aufgabe, »Phänomene zu retten« ist im Prinzip keine physikalische, sondern eine biologische, speziell – und psychologische: wird z.B. die »Wärme« einerseits als Bewegung der Atome und anderseits als elektromagnetischer Zustand aufgefasst, so arbeitet die Physik mit diesen Begriffen und braucht auf die Wärmeempfindung keine Rücksicht zu nehmen, denn auf diesem Niveau gibt es keine Lebewesen; die Biologie, sofern sie keine Physik ist und vorausgesetzt, daß es eine solche gibt, betrachtet das »Wärmephänomen« als eine Kategorie des Lebens – Empfindung; die Philosophie – als »Sache-selbst«.

Zunächst kann man sagen, daß es als eine uneigentliche gemeint ist. Die Physik setzt eine »objektive Wirklichkeit« voraus, operiert aber nicht mit ihr – dies »tun« nur die Tiere und eben darum ist eine Spinne kein Ingenieur – sondern mit Begriffen. Der physikalische Begriff, der mit einem mathematischen identifiziert wird oder werden kann, ist aber ein solcher, dem *im Sinne der Physik selbst* keine »objektive Wirklichkeit« entspricht. Und dasselbe gibt von einer mathematischen Gleichung, die mit einem physikalischen Gesetz identifiziert wird; es gibt nichts »objektiv Wirkliches«, das ihm entsprechen würde. Darin liegt das paradoxale und spezifische Wesen der Physik: sie intendiert die »objektive Wirklichkeit«, geht aber von Begriffen aus, stellt Gesetze auf und gelangt zu Folgerungen, die alle mit keiner »Wirklichkeit« identifiziert werden können. (Als *Zeichen* dafür, daß diese Interpretation richtig ist, kann folgendes dienen: geht man, von der »Wirklichkeit« ausgehend, durch die theoretische Physik hindurch und versucht von da aus zur »Wirklichkeit« zurückzugelangen, indem man dieselbe der Theorie entsprechend real aufbaut, so gelangt man nicht in die ursprüngliche Welt, sondern in eine solche, die, sofern sie »wirklich« ist, der Theorie nicht entspricht, und sofern sie ihr entspricht, eine »künstliche«, »ideale« ist, kurz, in die Welt der Technik).

Der Gegenstand der mathematischen Physik ist also nicht ihr eigentlicher Gegenstand: er ist ein Idealtypus, der die »Wirklichkeit« nur »vertritt«, ohne ihr adäquates Abbild zu sein (d.h. »Wirklichkeit minus ihre Wirklichkeit«, wie alle eigentlichen Begriffe). Wir wollen ihn (aus Gründen, die später anzugeben sind) kurz einen »statistischen« Gegenstand nennen, im Unterschied von dem Gegenstande der Mathematik, der stets ein konkreter ist. Die mathematischen Formeln sind für eine platonisierende Auffassung der Mathematik immer adäquate Abbilder (»ideales Sein minus Sein«, d.h. »Form der Idee«) des Gemeinten, für die formalistische (Hilbert) – das Gemeinte selbst. (Für diese Auffassung ist ein Integral z.B., das nur angenähert berechnet werden kann, wohl nur das auf dem Papier hingeschriebene Zeichen?). Eine ganz andere »valeur« haben dieselben mathematischen Formeln, wenn sie in eine physikalische Theorie eingebettet werden: hier sind sie als solche sicherlich nicht das Gemeinte, aber auch nicht adäquate Abbilder des Gemeinten, sondern nur Hilfsmittel, um das Gemeinte zu fassen, das als solches sich eben nicht fassen läßt. Die so definierte Physik unterscheidet sich also auch von der platonisierend aufgefassten Mathematik, und zwar nicht nur inbezug auf die Verschiedenheit der Weise des Seins des von beiden Gemeinten (»ideales Sein« – »objektive Wirklichkeit«: ungenaue Termini!); die Mathematik operiert mit gemeinten, d.h. adäquaten Begriffen, die Physik dagegen kann es nicht tun. Ein adäquater Begriff ist »ein seiender (bzw. existierender) Inhalt minus dessen Sein (bzw. Existenz)« und in ihm wird das Sein (bzw. die Existenz) dieses Inhaltes gemeint. (Nicht alle adäquaten Begriffe sind mathematisch; auch die Begriffe »rot« oder »Napoleon« sind adäquat.) Mathematische Begriffe sind nur für eine platonisierende Auffassung adäquat. Für die formalen Auffassungen sind sie inhaltsleer, nur Leerstellen für deren Kombinationen, die erst durch diese Kombinationen oder Relationen erfüllt werden; verschieden sind sie nur, sofern sie von verschiedenen »*Worten*« getragen werden, die zunächst sinnlos sind. – Ich weiß noch nicht, ob sich die formalen Auffassungen wirklich restlos durchführen lassen. – So sind sie die gemeinten Begriffe. Die gemeinten Begriffe der Physik sind aber nicht adäquat, weil sie inhaltsleer sind. Sie sind rein intentionale »Begriffe«, die die Existenz eines Inhaltes meinen, der in ihnen gar nicht enthalten ist (»existierender Inhalt minus Inhalt«). (Wenn der Formalismus Recht hat, so sind auch die mathematischen Begriffe inhaltsleer, aber sie sind nicht intentional, da in ihnen kein Sein gemeint wird). Mit ihnen läßt sich deshalb nicht operieren, ja sie sind überhaupt keine Begriffe, sondern fallen in eine einzige Intensive zusammen, die jedem physikalischen Verstehen anhaftet. Die Begriffe dagegen, mit denen die mathematische Physik operiert, sind zwar inhaltsvoll, aber nicht gemeint, da die Existenz, die gemeint wird, nicht die Existenz ihres Inhaltes ist: sie sind vertretende Begriffe, und zwar nach der Art der Vertretung – statistische. (Und zwar ist »derselbe« Begriff, der in der Mathematik adäquat ist, in der Physik statistisch. Nur kann aber eine Physik, die sich selbst nicht versteht, einen mathematischen Begriff als einen von ihr gemeinten auffassen, d.h. ihren intentionalen Begriff mit dem Inhalte eines mathematischen füllen; auf diese Weise entstehen z.B. die sogenannten genauen physikalischen Gesetze; die Erfahrung zerstört jedoch immer früher oder später [eine] prinzipiell unzulässige Verschmolzung).

So sieht man, daß zwischen Mathematik und mathematischer Physik als »Sachen selbst« betrachtet (wenigstens insofern, als man zum »Gegenstand« eine Qualität des Verstehens hinzunimmt) ein wesentlicher Unterschied besteht. Man kann viele mathematische Theorien aufbauen, von dessen gewisse äußerlich mit bestimmten physikalischen Theorien völlig identisch sind; aber wenn man auch die letzteren axiomatisiert, so werden sie doch nicht Mathematik, da ihre Axiome immer uneigentlicher, nicht gemein, nicht adäquat sein werden. (Diese Unterscheidung ist auch klassifikatorisch im Prinzip brauchbar, aber faktisch nicht anwendbar, eben weil man einer Theorie nicht ansieht, aber sie gemeint oder nicht gemeint ist. – Das Obige darf übrigens nicht psychologisch verstanden werden. »Gemeint« usf. ist nicht »von dem und dem Physiker gemeint« usf. – das wäre Psychologie der Wissenschaftler – sondern »von der Physik gemeinte« usf., der Physik, die sich selbst versteht. Diese Physik ist aber auch keine Konstruktion: denn das Verstehen des Gegenstandes ist nichts anderes als der Unterschied desselben von allem andern, d.h. durch den konkreten Gegenstand bedingt; aber wie jede »Sache selbst« so wird auch die Physik erst dann wahrhaft »Sache selbst« wenn man das philosophische Verstehen der Sache hinzunimmt. – Unverständlich; präziser fassen!).

Das Gesagte gilt für jede mathematische Physik, die sich selbst versteht, und die früher (4. Moment) erwähnte »Identifizierung« eines physikalischen Begriffs mit einem mathematischen soll im eben angegebenen Sinne verstanden werden: der mathematische Begriff wird durch diese Identifizierung von einem adäquaten zu einem statistischen. Er kann aber dies nur werden, wenn schon der physikalische Begriff es war, und so sehen wir, daß nicht nur die mathematische, sondern jede Physik überhaupt mit statistischen Gegenständen operiert, wenn sie auch konkrete (und zwar »objektiv wirkliche«, existierende) meint (intendiert). Die physikalischen Beobachtungen sind bereits statistische Beobachtungen, indem gar nicht das beobachtet wird, was als Beobachtungsgegenstand gemeint ist (entweder: nicht der Einzelvorgang, sondern der Durchschnitt, oder: der Einzelvorgang, aber durch die Beobachtung gestört), und darum sind die daraus »abstrahierten« Begriffe, deren Kombinationen (»Gesetze«) und mit den letzteren identifizierten mathematischen Formeln innerhalb der Physik statistisch.

Das soll an einem elementaren Beispiel erörtert werden. Wenn die Mathematik von einer Geradenstrecke von der konstanten Länge a spricht, so meint sie damit etwas ganz Konkretes und Bestimmtes. (Als Problem bleibt allerdings die Setzung der Maßeinheit, aber das interessiert uns hier nicht). Ist a irrational (etwa Ve), so wird zwar diese Länge als Dezimalbruch derselben nur angenähert werden können, aber an sich ist eine inkommensurable Strecke genau so konkret und bestimmt wie jede andere. Jedenfalls ist es sinnlos zu sagen, daß die Strecke einmal (a-Sa), einmal (a+a) beträgt und »im Durchschnitt« = V2 ist. (Dies zeigt, daß wenn die Zeit in die Mathematik eingeht, sie jedenfalls mit der »wirklichen« Zeit der Physik nicht identisch ist).

Gerade so versteht es sich dagegen in der Physik. Bei der Beschreibung des berühmten Urmeters pflegt man zu betonen, daß eine Länge sich nicht genau festsetzen und abtragen läßt, sondern als (100 ± E) verstanden werden muß. Nun ist es aber nicht so, als ob der Urmeter eine bestimmte Länge hätte, die sich nun nicht genau beobachten läßt. (Die Sachlage wäre dann der Dezimalbruchdarstellung einer [Irrationalen] analog). Man kann geradezu sagen daß der Glaube an eine genaue und konkrete Länge desselben sich nur auf Grund der Ungenauigkeit der Beobachtung aufrecht erhalten läßt. Ungenauigkeit ist allerdings für die Physik wesentlich, aber sie verdeckt eine andere wesentliche Tatsache, nämlich die, daß der physikalische Gegenstand »unwirklich« im Sinne der Physik und »statistisch« ist. Um das an unserem Beispiel einzusehen, wollen wir annehmen (eine Annahme, die, wenn man es genau nimmt, auch als Gedankenexperiment nicht zu verwirklichen ist), daß wir den Urmeter genau beobachten können. Was sehen wir dann? Nun, der Meter besteht aus Molekeln, diese aus Atomen, diese wiederum aus Protonen und Elektronen. Die Molekeln schwingen um eine Gleichgewichtslage, die Atome drehen sich und in ihnen umkreisen die Elektronen den Kern (und zwar, nach den neuesten Annahmen, auch noch bei T als = 0. Ich setzte absichtlich die »klassische« Atomtheorie – vor 1926 – voraus, da die neueste das, was zu zeigen ist, explicite voraussetzt). Was ist dann bei dieser Sachlage die Länge des Urmeters? Offenbar kann man nur von einer Länge a zur Zeit t sprechen (da sieht man die »wirkliche« Zeit), aber diese Vielheit von Längen »desselben« Urmeters ist für den Physiker unbrauchbar. Es braucht eine konkrete Länge a, die es mit der mathematischen Strecke identifizieren könnte, aber diese Länge ist nicht eine solche des »wirklichen« Urmeters (daß dasselbe zu irgendeiner Zeit »zufällig« die Länge a haben kann, tut nichts zur Sache), sondern nur ein vertretender Begriff, dem nichts physikalisch »Wirkliches« entspricht. Und doch entspricht ihm etwas, was sinngemäß nur das statistische Mittel aller Urmeterlängen sein kann. Wenn wir nun die Fiktion der genauen Beobachtung aufheben (es ist eine Fiktion, da – wie Heisenberg einleuchtend gezeigt hat – eine »genaue« Beobachtung den Zustand des beobachteten Gegenstandes notwendig stören wird), so sehen wir, daß in unserem Beispiel der Physiker, der dort den »wirklichen« Urmeter *meint*, de facto nur einen »statistischen« Gegenstand beobachtet, begrifflich fasst und mit einer mathematischen Wesenheit identifiziert, einen Gegenstand also, der von seinem eigenen Standpunkte aus nicht »wirklich« ist.

Von der gleichen Art sind, wie mir scheint, alle physikalischen Gegenstände. (Das Beispiel ist übrigens auch an sich wichtig, weil die Physik auf Messungen beruht, Messungen aber fast immer auf Längenvergleiche zurückgeführt werden). Die gemeinten sind es zwar nicht (wenigstens vor 1926), aber diejenigen, die begrifflich gefasst werden und mit denen operiert wird, sind es. Darum sind auch die physikalischen Gesetze »statistische« Gesetze, und zwar nicht nur die statistischen im engen Sinne des Wortes (wie z.B. die Gesetze der kinetischen Gastheorie), sondern auch die sogenannten »genauen«.

Behalten wir noch die auf Grund des Gravitationsgesetzes berechnete Bahn eines Planeten, etwa der Erde. Man hat immer gewußt, daß sie ungenau ist: einerseits wird sich manches Integral nur annähernd berechnen lassen, anderseits sind die Beobachtungen nie genau. Doch nehmen wir wiederum an, die Bahn wäre genau bestimmt. Was würde das heißen? Da sich prinzipiell nicht feststellen läßt, wo denn eigentlich die »Erde« aufhört (Elektronen, Elektromagnetische Wellen, Meteore usf.), so kann man sinngemäß nur von der Bahn ihres Schwerpunkts reden (der sich übrigens auch nicht genau feststellen läßt). Nur kann der Schwerpunkt von einem Elektron »zufällig« besetzt sein, braucht es aber nicht. So sehen wir, daß auch hier die Bahn von etwas bezeichnet wird, was keine physikalische »Wirklichkeit« hat, obwohl eine »wirkliche« Bahn gemeint war. Die berechnete Bahn hat nur Sinn als statistisches Mittel aller Bewegungen der zur »Erde« gezählten Elektrone.

(Der »statistische« Charakter des physikalischen Gegenstandes und die »Wirklichkeit« ihrer Zeit sind korrelativ. Auch der physikalische Raum, als Ort der statistischen Gegenstände, ist statistisch. Er ist mit keiner Form des mathematischen, riemannschen Raumes identisch. Die Variabilität der Krümmung eignet sich jedoch besser zu seiner Darstellung als der starre Raum $R_{rs,tn}$ = const., der sich nur als Ort mathematischer Punkte deuten läßt. – Die Bemerkungen über Raumform, mathematischer, physikalischer, biologischer Anschauungsraum und Raum als Sache selbst, sowie dessen ideales Analogon, müssen zusammengefasst werden; zuerst weiter Literatur studieren; auch Koyrés Bemerkungen über 0 zu verstehen versuchen!).

In der Physik gab es zwar immer – wenigstens bis 1926 – »genaue«, »adäquate« und »gemeinte« Begriffe und Gesetze (ganz früh wohl auch aufgestellte Beobachtungen, aber beim genaueren Zusehen stellte sich jedoch heraus, daß sie weder genau, noch adäquat, noch gemeint waren. Wenn z.B. zuerst das »Gesetz« aufgestellt wurde – feste Körper dehnen sich bei Erwärmung V V_0k.t, so waren die Beobachtungen genau (natürlich nur inbezug auf die ungenaue Fassung des »Gesetzes«), die Begriffe der Ausdehnung und des Körpers, sowie das »Gesetz« selbst »genau«, adäquat und gemeint. Das war aber kein eigentlich physikalisches »Gesetz«, denn auf diesem Niveau läßt sich zwischen den verschiedenen Wissenschaften überhaupt nicht unterscheiden. (Sich dehnen ist ein qualitativer Begriff. Die Qualität wird hier aber qualitativ verwendet. Dies »Gesetz« ist beschreibend und nicht erklärend. Doch ist die Unterscheidung einer beschreibenden und erklärenden Physik keine wesentliche, sondern eine relative: beschreibend ist eine Theorie nur inbezug auf eine erklärende und im Ideal wird die Unterscheidung sinnlos). Die eigentliche Physik kann mit derartigen »Gesetzen« nicht viel anfangen. Sie war gezwungen, dieselben »genauer« zu formulieren, aber indem sie es tat, wurden sie ungenau, inadäquat, nicht gemeint, kurz – »statistisch«; in unserem Falle – in der kinetischen Wärmetheorie – auch explicite statistisch. (Die Ausnahmen, z.B. das Eis, sind dabei nicht störend. Aber wenn V = V_0f (t), dann war f(t) für jeden Körper verschieden und für keinen zeitlos, sondern nur als statistisches Mittel).

Die Tatsache der Ungenauigkeit aller physikalischen Beobachtungen, Begriffe und Gesetze, sowie der daraus zu ziehenden Folgerungen sind schon längst erkannt worden. (Vgl. z.B. Duhem: La théorie physique. Kein experimentum crucis, einer Beobachtung entsprechen unendlich viele mathematische Formulierungen, die Theorien der mathematischen Physik haben keinen Wahrheitswert im Sinne einer adäquaten Entsprechung einer »Wirklichkeit«, usf.). Aber bis 1926 war man im allgemeinen der Meinung, das »objektiv wirkliche« wäre in der »Welt« genau lokalisiert und durchgängig kausal bestimmt, wenn auch in dieser Bestimmtheit der Physik unzugänglich. Was wir über die Bewegung der Erde sagten, ist richtig, aber die Erde ist eigentlich nicht »objektiv wirklich« im Sinne der Physik, sondern ein künstlich gebildetes und isoliertes System. Dagegen läßt sich wohl von der Bahn eines Elektrons reden. Seit etwa 1926 (auch die Feldphysik – etwa Mies Theorie der Materie – von einer Elektronenbahn sinnlos, aber die Feldgesetze waren in ihr doch adäquat und gemeint), haben auch die Physiker (Vgl. z.B. »Naturwissenschaften«, Heft 8, 15, 41 (1928) und 7 (1929)), dies inbezug auf das »objektiv Wirkliche« – das Elektron – geleugnet: 1) Dieses soll weder raum-zeitlich fixiert noch kausal determiniert werden; 2) die Physik kennt nur Wahrscheinlichkeit und Statistik. Die zweite Behauptung stimmt mit der oben versuchten Interpretation überein, und so können wir die neueste Physik als eine Physik auffassen, die sich selbst versteht. (Was die Wahrscheinlichkeit anbetrifft, so wissen wir darüber herzlich wenig. Statt über RTh [Relativitätstheorie] zu schreiben, die man meistens nicht versteht, wäre es viel nützlicher, sich der WTh [Wahrscheinlichkeitstheorie] zuzuwenden. Das setzt keine besonderen mathematischen Kenntnisse voraus, ist aber trotzdem – oder deswegen – sehr schwierig. Wegen der neuesten Wendung der Physik *muß* das geleistet werden. – Jedenfalls ist die »subjektive« Interpretation ausgeschlossen, schon weil – wie Poincaré sagt – die Versicherungsgesellschaften gute Dividende auszahlen. Frage ist, ob die »objektive« Interpretation ohne Voraussetzung der Kausalität durchführbar ist; vgl. dazu Petzoldt: [Kausalität und Wahrscheinlichkeit], »Naturwissenschaften« 17, Heft 3 (1929). – Nachdenken, aber erst Originalquellen studieren! (Vgl. auch Mie). Die erste muß dagegen erst interpretiert werden. Zunächst scheidet die »metaphysische« Deutung aus (so auch das Freiheitsproblem), da die Behauptung von wissenschaftlichen »Gegenständen« gilt und auf die Wirklichkeit nicht anwendbar ist, schon aus dem einfachen Grunde, weil die physikalischen Raum-Zeit-Kausalitätstheorien nicht angewandt werden können. Doch scheint es, daß auch wenn man im physikalischen Gebiet bleibt, die Behauptung in dieser Form jeglichen Sinnes bar ist. (Das muß ernstlich nachgeprüft werden. Vielleicht doch, wie die erwähnten Physiker meinen, ist das nur Folge einer althergebrachten »Gewohnheit«. Jedenfalls ist die neueste Wendung zu neu und erschütternd, um mit einer kurzen Bemerkung abgetan zu werden). Es scheint, daß die objektive Wendung verfehlt ist, daß die physikalische Intention, d.h. das Nichtgemeintsein der physikalischen Begriffe bleiben muß. Neu und wichtig wäre dann nur die Heisenbergsche Entdeckung der *absoluten* Fehlergrenze (ob = h, andere Frage, die nur von der Physik gelöst werden kann). Dadurch wird das gemeinte endgültig zur inhaltsleeren Intention gestempelt. (Für die Physik selbst ist diese ganze Frage ziemlich gleichgültig, nicht aber für die Beschreibung der Physik als »Sache selbst«). Das Beobachtete ist eben wegen der Beobachtung nicht isoliert, die Annäherung der Beobachtung an die »Wirklichkeit« ist nicht indefinit, sondern hat eine feste und prinzipielle Grenze. So ist es klar, daß alle physikalischen Beobachtungen, Begriffe und Gesetze nur »statistische« sein können. Es ist aber nicht klar, warum sie auch gemeinte sein müssen.

So scheint es, daß auch die neueste Wendung der Physik im objektiven Sinne interpretiert werden kann. Meint die Physik eine »objektive Wirklichkeit«, die sich *prinzipiell* genau beobachten läßt, so ist sie so ungenau, daß die inbezug auf sie »genauen« Beobachtungen keine brauchbare Grundlage der physikalischen Begriffs- und Theorienbildung ausmachen können. Wird aber das Gemeinte genau gemeint, so kann sich die Beobachtung prinzipiell nicht auf das Gemeinte beziehen, sondern nur auf ein statistisches Mittel, das nicht gemeint ist, da es nicht als »objektive« Wirklichkeit gilt. Aufgrund statistischer Beobachtungen werden statistische Begriffe gebildet und deren Kombination liefert statistische Gesetze; nur diese statistischen Begriffe und Gesetze werden mit mathematischen Wesenheiten identifiziert.

Um den Inhalt der Anmerkung in einem Satze zusammenfassen: Physik und Mathematik haben es als Wissenschaften mit »Gegenständen« zu tun; die Physik unterscheidet sich aber von der Mathematik (und wahrscheinlich auch von anderen Wissenschaften – nachprüfen!) dadurch, daß ihr »Gegenstand« ein »statistischer« ist.

⊥ Einige Anregungen zum Nachdenken:

Weyl sagt (vgl. RZM, 3. Aufl., S. 65, 258, 283f.), nur die Feldgesetze (Gravitation und Elektromagnetismus) sind genau, nur sie sind ursprüngliche Kräfte, alles andere läßt sich statistisch interpretieren. Was heißt hier »genau« und »ursprünglich«? Das Feld beobachten und auf dasselbe einwirken kann man nur, wenn Materie da ist; dann tritt aber die obige Interpretation in seine Rechte. Besteht sie auch bei einer Feldtheorie der Materie (etwa Mie), oder bei der Auffassung derselben als Singularitätsstellen in der »Welt« (Materie – außerhalb der »Welt« – Vermutung Weyls. Vgl. »Was ist Materie?«)? Nach Weyl (1923) ist übrigens das Problem der Materie von seiner Lösung noch unendlich weit entfernt. Vielleicht lassen sich auch die Feldgesetze statistisch deuten? Kann man die bei deren Aufstellung verwendete Variationsrechnung physikalisch (d.h. statistisch) deuten? – Erst beim Hamiltonschen Prinzip versuchen! – Die variierten virtuellen Bahnen als gleichwahrscheinliche Bahnen? als zeitliches Mittel auffassen? statistisch deuten? – Zu: »die Frage nach dem Ursprung der mathematischen Axiome gehört nicht zur Mathematik, die nach dem Ursprung der physikalischen Axiome gehört zur Physik« (vgl. Poincaré: Science et hypothèse, Paris 1927, S. 163f.). Wenn vielleicht (?) auch nicht Cantor selbst, so haben doch viele Mathematiker kurz nach der Aufstellung seiner Theorie des Kontinuums als eine Punktmenge geglaubt, das »wahre Wesen« desselben erfaßt zu haben. Diese offenbare Übertragung der ersten Jahre hielt sich jedoch nicht lange. Schon die sogenannten Paradoxien der Mengenlehre haben ernüchternd gewirkt. Was speziell den Raum anbetrifft, so kann man jedenfalls nicht behaupten, die »Punkttheorie« des Kontinuums gebe sein »Wesen« adäquat wieder. Das wird mit besonderem Nachdruck von Weyl hervorgehoben. (Vgl. auch Poincaré: Science et hypothèse, Paris 1927, S. 30: »das eigentliche mathematische Kontinuum [ist] etwas ganz anderes [ ] als das der Physiker oder das der Metaphysiker«, wobei die Punkttheorie gemeint ist). In seinem Kontinuumbuch (Lpz. 1918) widmet Weyl dieser Frage einen ganzen Paragraph (Kap. II, §6, S. 65ff.) und gelangt zu ganz radikalen Ergebnissen. Es wird genügen, hier einige Zitate anzuführen. »Irgendwo bricht die unaufhebbare Diskrepanz immer wieder durch, die zwischen dem wahren Kontinuum und einer Menge isolierter Elemente besteht« (S. 82). »Dem Vorwurf gegenüber, daß ...a.a.O., S. 83... eine Rolle spielen« (S. 83).

Nun zeigt uns Koyré, daß die zenonischen Paradoxien die Unmöglichkeit der Bewegung in einem als Punktmannigfaltigkeit aufgefassten Kontinuum beweisen. Da im »anschaulichen« Kontinuum Bewegung wohl möglich ist, so zeigt dies allein, daß die Punktinterpretation nicht adäquat sein kann. Gegenüber dem »anschaulichen« Kontinuum haben die Argumente keine Kraft, da sie keinen Sinn haben: sofern dies Kontinuum nicht begrifflich gefasst wird, kann man auch keine logischen Überlegungen inbezug auf dasselbe veranstalten. Aber auch der Begriff einer Punktmannigfaltigkeit ist an sich gewiß nicht widerspruchsvoll (vgl. z.B. die logische saubere Durchführung der Theorie in Weyls Kontinuumbuch) und es hat keinen Sinn zu sagen, die zenonischen Argumente waren gegen ihn gerichtet. (Besonders wenn, wie bei Weyl, der Unterschied vom anschaulichen Kontinuum ausdrücklich betont wird). Aber freilich nur, wenn man ihn an sich und nicht als »Vertretungsbegriff« betrachtet. Wenn also Koyré sagt, die Paradoxe treten überall da auf, wo man es mit dem Kontinuum zu tun hat (a.a.O., S. 615ff.), so muß das so verstanden werden: stellt man einen Begriffskomplex auf, der als Vertretungsbegriff für das »anschauliche« Kontinuum (in dem Bewegung, Krümmung usf. möglich ist) aufgehoben werden muß, so stellt sich immer heraus, daß der Vertretungsbegriff nicht adäquat sein kann; die Paradoxien sind dann nichts anderes als der Ausdruck der Tatsache, daß gewisse qualitative Eigentümlichkeiten des Kontinuums im Vertretungsbegriff nicht vertreten sind.

Was die »Punkttheorie« anbetrifft, so hat dies Koyré allerdings deutlich gemacht und stimmt darin mit Weyl vollkommen überein. Die Behauptung aber (die übrigens auch Weyl tut), daß *jede* Theorie notwendig inadäquat sein muß, ist nicht bewiesen, wenn auch überaus wahrscheinlich. Unmöglichkeitsbeweise sind schon in der Mathematik gewöhnlich sehr schwierig (vgl. die Kritik der »Intuitionisten«); – außerhalb derselben sind sie vielleicht überhaupt sinnlos. Und so muß man auch hier sagen, daß ein Unmöglichkeitsbeweis im Sinne der Mathematik von Koyré nicht erbracht wurde. (Wenn ich hier vom Vertretungsbegriff spreche, so meine ich nicht, daß die Punkttheorie eine physikalische Theorie ist. Ihr Zusammenhang mit dem »wirklichen« Raum ist kein notwendiger; ihr etwaiger »Ursprung« interessiert die Mathematik nicht. Die Theorie wird physikalisch nur, wenn sie als ein Abbild des Raumes gemeint wird; das braucht sie jedoch nicht zu sein).

Nun hat Brouwer (Originalarbeiten lesen!) im bewußten Gegensatz zu Cantor »eine strenge mathematische Theorie des Kontinuums (entworfen), die es nicht als starres Sein, sondern als Medium freien Werdens faßt« (Weyl: Die heutige Erkenntnislage in der Mathematik, Symposion I, 1; 1925; S. 18. Vgl. ferner S. 21ff.) (Brouwer ist platonisierend nur inbezug auf die natürliche Zahlenreihe: sie ist in einer Urintuition gegeben, aber auch nur sie; alles andere »existiert« nur, sofern es faktisch konstruiert wird. Richtig ist, daß der Zahlbegriff von der Logik unabhängig ist, aber wohl eine Übertreibung, wenn die Logik darauf begründet wird). »In einem Kontinuum kann es nach Brouwer nur stetige Funktionen geben. Das Kontinuum läßt sich nicht aus Teilen zusammensetzen« (Weyl, a.a.O., S. 22).

Die Autorität Weyls wird wohl genügen, um Brouwers Theorie als mathematisch möglich und widerspruchsfrei anzusetzen. (Die Leugnung des Satzes vom ausgeschlossenen Dritten darf natürlich nicht als ein »Widerspruch« angesehen werden. Brouwer beweist, daß *ein Teil* der heutigen Mathematik sich ohne Verwendung dieses Satzes aufbauen läßt, – nichts mehr und nichts weniger.) Wenn nicht die gesamte, so doch ein beträchtlicher Teil der Mathematik läßt sich auf Grund dieser Theorie wiederaufbauen. Weyl meint auch (a.a.O., S. 22f.), daß Brouwers Kontinuum dem »anschaulichen« nahe steht und seine Erwähnung der zenonischen Paradoxien (S. 22) läßt darauf schließen, daß er dasselbe als durch die Theorie überwunden aussieht. Es wäre nun sehr wichtig nachzuprüfen, ob dies tatsächlich der Fall ist (Nachdenken, oder besser, Koyré veranlassen, seinen Zenon-Aufsatz neu zu schreiben!). Wäre das richtig, so würden die zenonischen Paradoxen tatsächlich gelöst, denn es hat sicher keinen Sinn zu sagen – Brouwers Theorie sei selbst »irrational«. (Was heißt übrigens »irrational«? Man könnte auch meinen, mit der Leugnung des tertium non datur wären sie bereits im Gebiete des Irrationalen. – Nachdenken!). Auch in diesem Falle würden Koyrés Ausführungen natürlich ihren Wert behalten; es war von vornherein klar, daß Zenon *nur* folgendes gezeigt hat: unter der Voraussetzung des »klassischen« Dingbegriffes ist eine Bewegung weder im Atomraume der Finitisten noch im Punktkontinuum lautlos möglich; Koyré zeigte außerdem, daß ganz abgesehen vom Phänomen der Bewegung der Punkttheorie des Kontinuums gewisse immanente Schwierigkeiten anhaften; nicht gezeigt hat er jedoch, daß dieselben jeder Kontinuumstheorie anhaften müssen.

Die Sachlage könnte man vielleicht folgendermaßen darstellen. (Ich sage »vielleicht« ohne Hintergedanken; das Folgende ist nur leere Vermutung). Die Lehre von der Punktmannigfaltigkeit läßt sich axiomatisieren und als widerspruchsfreies System aufbauen. (Vgl. z.B. Fränkel), aber sie ist keine Theorie des Kontinuums. Als eine solche könnte die Brouwersche angesehen werden. (Besser wäre vielleicht, von Cantorschen und Brouwerschen Kontinuum*typen* zu reden.) Inbezug auf diese kann man dann noch die Frage stellen, ob sie als Vertretungstheorie des physikalischen und biologischen (= anschaulichen?) Kontinuums dienen kann (alsdann: als gemeine oder nicht-gemeine), d.h. ob diese drei Kontinuen identisch sind. Wenn ja, so müßten durch sie die zenonischen Bewegungs-Paradoxien aufgehoben werden. (Die reine Mathematik könnte sich ja damit begnügen, das Phänomen der Bewegung aus ihrer Betrachtungsweise auszuschließen).

Koyré sagt (a.a.O., S. 622): »Die Idee ... des Kontinuums ist eine *einfache* Idee, die auf eine andere nicht zurückgeführt werden kann«. Weyl (Symposion I, I, S. 12f.) vermutet, daß es in der Mathematik zwei (und nur zwei) Urintuitionen gibt: »der Fortgang in der

Reihe der natürlichen Zahlen« (= vollständige Induktion) »und das Kontinuum«. Beide haben wohl recht, aber damit ist noch nicht gesagt, daß die Idee des Kontinuums auch außerhalb der Mathematik einen Sinn hat, und wenn ja, daß alle Kontinuen ihrem Wesen nach identisch sind. Es ist wohl richtig, daß es neben dem mathematischen noch ein »anschauliches« Kontinuum gibt. Das Wesen des letzteren besteht nach Poincaré (vgl. z.B. La valeur de la science, Chap. III, §3) darin, daß in ihm A=B, B=C und trotzdem A[≠]C sein kann; es entsteht so die Frage, ob eine mathematische Theorie des Kontinuums dieser Tatsache Rechnung trägt (Cantors Theorie gewiß nicht; ob Brouwers?). Viel weniger gewiß ist das Vorhandensein eines physikalischen Kontinuums: es ist nicht a priori unmöglich, eine physikalische Theorie auf Grund der finitistischen Hypothese aufzubauen. (Die Mathematik müßte dann sich mit diskreten Mannigfaltigkeiten ernster als bis jetzt befassen; das mathematische Kontinuum wäre dadurch natürlich nicht angetastet). Natürlich müßte dann der Bewegungsbegriff so gefasst werden, daß die zenonischen Argumente ihre Kraft verlieren. Es könnte sich vielleicht herausstellen, daß Bewegung (nur) im anschaulichen Kontinuum möglich sind (das Anschauungsphänomen der Bewegung steht ja fest; Frage ist nur, ob das anschauliche Kontinuum sich begrifflich fassen läßt; diese Fassung braucht weder mit der physikalischen noch mit der mathematischen zusammenzufallen); daß die Mathematik wohl ein Kontinuum (und »Dinge«?), aber keine eigentliche Bewegung kennt; daß die Physik zwar kein Kontinuum (und keine »Dinge«?), doch aber Sachverhalte kennt, die (auf ein Koordinatensystem bezogen) dem entsprechen, was an der Bewegung physikalisch von Bedeutung ist und eventuell außerdem (indem man das Koordinatensystem durch das »Subjekt« ersteht) als das den Anschauungsphänomen der Bewegung entsprechende »objektiv Wirkliche« interpretiert werden können. (Es sind gewiß auch noch andere Möglichkeiten denkbar). Völlig unabhängig von all dem ist die philosophische Aufgabe, die Bewegung als »Sache selbst« zu beschreiben. (Für mich ein sehr schwieriges Problem; wird wohl irgendwie mit dem karman zusammenhängen).

27 Ob etwas Analoges in einer diskreten Mannigfaltigkeit möglich ist? Rein mathematische Frage. – Nachfragen!

28 Diese Voraussetzung führt zwar zu recht unangenehmen Konsequenzen, aber hier brauchen wir uns um sie nicht zu kümmern.

29 Es ist vielleicht auch möglich, statt mit »Zeitatomen« mit »Zeitatom-Mollusken« zu arbeiten. Doch soll diese Möglichkeit hier unerörtert bleiben.

30 Man darf natürlich inbezug auf das Atom keine Worte mit Zeitbedeutung anwenden. Ich tue es nur, um sich irgendwie auszudrücken; darum die Anführungszeichen.

31 »Qualitativ« hat hier nur die Bedeutung: nicht-räumliche Änderung.

31a Und doch sind sie getrennt, d.h. also durch das Nichts getrennt, wie ja die Zeitpunkte auch.

32 Z.B. 1) Ein »Ding« ist in A, dann in B; es gibt nur endlich viele Lagen zwischen A und B. 2) Ein »Ding« ist rot, dann blau; es gibt nur endlich viele zu je zwei verschiedene Farben, die das »Ding« annimmt.

33 Änderungen eines Raumlosen oder raumlose Änderungen brauchen die Physik jedenfalls nicht zu interessieren. Aber auch die Philosophie nicht, daß es so etwas überhaupt nicht gibt. Doch ist hier nicht der Ort, darauf näher einzugehen.

33a *Mathematischer und physikalischer Raum.* Übrigens kann auch die Mathematik mit einem »leeren« Raum (gibt es denn so etwas überhaupt?) nichts anfangen: der mathematische Raum ist ja nichts anderes als der Ort mathematischer »Dinge«, wie Punkte, Kurven, Flächen, usf. Den mathematischen Raum kann man als Punktraum, Geradenraum, Kugelraum usf. auffassen; für die Punkttheorie ist es jedoch wesentlich, daß er immer als eine (oder besser: als der Ort einer) nicht-abzählbare Menge (von der Mächtigkeit des Kontinuums) von Punkten aufgefaßt werden kann. So ist für diese Theorie der Raum ein Ort der Punkte, während er für die Physik der Ort der »physikalischen Dinge« ist, die jedenfalls eine endliche Ausdehnung haben. Beide Räume fallen also keineswegs zusammen, und der mathematische Raum (ganz gleich ob der von Euklid, Riemann oder Weyl) ist in der Physik immer nur ein (nicht-adäquater?) Vertretungsbegriff.

Ich will jedoch keineswegs behaupten, daß als dieser Vertretungsbegriff eine diskrete mathematische Mannigfaltigkeit genommen werden muß (wenn ich auch nicht einsehe, warum dies nicht einmal geschehen kann) und zwar ganz abgesehen vom Problem der Bewegung, das weiter unten im Text erörtert werden soll – schon wegen der rein mathematischen Schwierigkeiten, die damit zusammenhängen würden. Dagegen glaube ich, daß ein »variabler« Raum als Vertretungsbegriff des qualitativ inhomogenen, physikalischen Raumes jedenfalls brauchbarer ist als irgendein »starrer«. Die Frage, ob der Riemann'sche, Weyl'sche oder sonst noch irgendein mathematischer Raum als Vertretungsbegriff gewählt werden muß, ist natürlich nur von der Physik zu beantworten. Nun weiß ich wohl, daß es in der Kreisen der R-Theoretiker [Relativitätstheoretiker] eine Zeitlang Mode war, die Physik mit der Mathematik zu identifizieren (So z.B. Weyl, bis zur 3. Aufl. seiner RZM; später gab er diesen Standpunkt auf; 1925 – Symposion I, I., S. 30ff. – spricht er der Mathematik nur eine »symbolische« Bedeutung zu; Weyls »Symbol« ist meinem »Vertretungsbegriff« analog, aber doch mit ihm nicht identisch, wenn man übrigens vom »metaphysischen Tiefsinn« absieht, so decken sich die erwähnten Ausführungen im Wesentlichen mit dem, was Duhem in seiner »Théorie physique« gesagt hat). Es ist gewiß richtig, daß der Riemann'sche (oder Weyl'sche) Raum nicht weniger mathematisch als der Raum Euklides ist. Ich glaube aber, daß jener auch nicht mehr physikalisch ist als dieser: beide konnten in der Physik nur als Vertretungsbegriffe fungieren. Doch das ist eine Selbstverständlichkeit. Die Frage ist nur, ob irgendein mathematischer Raum als adäquater und gemeinter Begriff in der Physik fungieren kann. Gerade das wurde von der R-Theorie [Relativitätstheorie] behauptet, und eben das möchte ich nicht zugeben.

Nun kann ich leider diese Meinung noch nicht genau begründen und begnüge mich mit losen Bemerkungen. Zunächst darf man nicht vergessen, daß der Raum (ich sollte eigentlich statt »Raum« überall »Welt« sagen) der R-Theorie keineswegs der »allgemeinste« ist. So sieht Riemann die Ebenheit im Unendlichkleinen, Weyl die Existenz unendlichkleiner Parallelogramme usf. voraus (vgl. dazu den sehr instruktiven Anhang in Reichenbachs »Philosophie der Raum-Zeit-Lehre«, Bln. und Lpz. 1928). Das ist gewiß kein Beweis für seine Inadäquatheit, aber etwas mißtrauisch macht es doch (auch Weyls »Einfachkeitsargumente« sind wenig befriedigend). Man ist geneigt, diese Voraussetzungen als Vereinfachungen zu betrachten; dann wäre der mathematische Raum ein inadäquater Vertretungsbegriff, der von der Physik nur als ein »statistischer« gemeint werden könnte. Ferner hätte die Identifizierung von Physik und Geometrie nur dann einen Sinn, wenn die erste eine reine Feldphysik wäre. Das hat man freilich zu jener Zeit auch geglaubt, aber es stellte sich bald heraus (vgl. z.B. Weyl: »Was ist Materie?«, Bln. 1924), daß sich dem (jetzt wenigstens) unüberwindliche Schwierigkeiten entgegensetzen. Die Behauptung, daß es im rein mathematischen Raume so etwas wie »Materie« überhaupt nicht geben kann, ist trivial. Es ist auch klar, daß sogar der Mathematiker aus Nichts nichts erringen kann, d.h. daß es unmöglich ist, aus der Raumstruktur die Materie herauszuzaubern. Das meint man aber auch nicht. Man behauptet nur, daß es »Raumstrukturen« gibt, die im mathematischen Raume dieselbe Rolle spielen wie die Materie im »wirklichen«, so daß dieser Raum als adäquater gemeinter Begriff in der Physik auftreten könnte. Doch wurde derartiges bis jetzt nicht geleistet (und ich glaube, daß dies prinzipiell unmöglich ist). Weyl, der zuerst daran glaubte (es ist mir übrigens unbegreiflich, wie er in RZM die Identität von Physik und Mathematik behaupten und gleichzeitig im »Kontinuum« den prinzipiellen Unterschied des mathematischen und anschaulichen Kontinuums hervorheben konnte), kam schließlich zu der Auffassung, nach welcher die »Materie« Singularitätspunkte in der »Welt«, »Löcher« im Felde sei. Dieser mathematische Raum nun, der die Materie nur als »außerhalb« seiner bestehend zulässt, wird kaum als ein adäquater Begriff des physikalischen Raumes gelten können, der doch ein Ort der Materie ist. Will man freilich den physikalischen Raum irgendwie mit Leibniz als eine »Ordnung der Dinge« auffassen (und das scheint nur der eigentliche Sinn und Wert der relativistischen Raumlehre zu sein), so kann man im gewissen Sinne sagen, daß die »Dinge« »außerhalb« desselben sind. Aber dann muß man dies von allen physikalischen »Dingen«, also auch von der Gravitation und Elektrizität (die dann freilich wohl als »Quanten« aufgefasst werden müssen) behaupten. Weyl verlegt aber die letzteren in seinen Raum (oder besser: er betrachtet gewisse »Strukturen« seines Raumes als adäquate Vertretungsbegriffe derselben), während er die Materie »außerhalb« desselben sieht. Diese Trennung der physikalischen »Dinge« scheint mir gewaltsam zu sein, besonders weil es doch die Materie ist, die die »Strukturen« erzeugt. Doch fragen wir ganz allgemein: was heißt das, wenn man sagt, ein mathematischer Raum wäre ein adäquater Vertretungsbegriff des physikalischen? Die Gravitation soll nichts anderes sein als die »wirklich gewordene« riemannsche Krümmung des Raumes? Geben wir es zu. Aber dann muß man auch zugeben, daß wir die Gravitation nur an ihren Wirkungen auf physikalische »Dinge« (auch der »Lichtstrahl« ist ein physikalisches »Ding«) feststellen können. Und wenn alle Beobachtungen der letzteren nur »statistische« und jedenfalls nur »ungenaue« Beobachtungen sein können, so hat die Behauptung – die Krümmung ist ein adäquater Begriff der Gravitation – eigentlich keinen Sinn mehr.

So glaube ich, daß jeder begrifflich gefasste Raum innerhalb der Physik immer eine andere Bedeutung haben wird als in der Mathematik. Und zwar nicht nur, weil er dort ein Vertretungsbegriff ist (das ist selbstverständlich, aber für die platonisierende Auffassung ist auch der mathematische Raum ein Vertretungsbegriff), sondern weil er immer ein nicht-gemeinter, inadäquater, »statistischer« Begriff sein wird.

34 Man kann auch das wiederholen, was vom »Beobachtungsatom« gesagt wurde.

35 Etwas Ähnliches scheinen jedoch die R-Theoretiker im Auge zu haben, wenn sie von dem Sich-schneiden der Weltlinien zweier oder mehrere »Dinge« reden, oder gar von der sich selbst schneidenden Weltlinie eines menschlichen Körpers. Der Begriff der Weltlinie eines organischen (ja überhaupt eines zusammengesetzten) Körpers ist übrigens überhaupt schwer zu verstehen, wenn man an den Stoffwechsel denkt. Oder wird die Undurchdringlichkeit der Materie geleugnet? Was ist aber dann ein Elektron?

36 »Atom« im wörtlichen Sinne, nicht im Sinne der modernen »Atom«-Theorie. Dessen Existenz wird einfach postuliert und nicht etwa als ein Ergebnis der Physik gemeint. Von der Wellentheorie der Materie wird (vorläufig?) ganz abgesehen.

37 Soll demnach etwa das Elektron als Atom in diesem Sinne betrachtet werden, so dürfen Fragen, wie die nach der Verteilung der Ladungen auf dessen Oberfläche usw., überhaupt nicht gestellt werden.

38 Der Mathematiker Weyl hat allerdings noch 1923 erklärt, die Substanztheorie der Materie sei »erledigt«.

39 Vom Raume reden wir nur deshalb, weil es mehrere qualitativ identische Atome gibt. Im Raume allein hat es keinen Sinn, zwei benachbarte identische Atome zu unterscheiden; (in der »Welt« ist das sinnvoll, weil zwei zu t. benachbarte Atome zu t_n es nicht mehr zu sein brauchen); oder nur dann, wenn man *alle* Atome als »gleichgroß« voraussetzt, und nicht nur die qualitativ identischen, da jedoch im Raume ein Fernvergleich unmöglich ist, ist diese Behauptung sinnlos; die Annahme, alle benachbarten Atome sollen gleich groß sein, ist möglich und genügend, aber gewaltsam. Der Begriff der »Größe« des Atoms ist überhaupt schwer zu fassen.

40 Ich begnüge mich mit Andeutungen, da ich nichts endgültig weiß. Auf Leibniz wird keine Rücksicht genommen. – Doch Leibniz lesen!

41 Der Gedanke ist nichts weniger als neu. Vgl. z.B. Rickert, Das Eine, die Einheit und die Eins. [doi.org/10.1515/9783110567700-002] – Vgl. auch Weyl (Mathematische Analyse des Raumproblems, Bln. 1923, S. 1) »Im extensiven Medium der Außenwelt (wozu wir außer dem Raum auch die Zeit rechnen) ist es (...) möglich, daß Dinge individuell verschieden sind, die ihrem Wesen (...) nach einander gleich sind«.

42 Auf das Problem der »Doppelpunkte« usf., gehe ich nicht ein; auch auf das Sichschneiden zweier »Weltlinien«.

43 Darauf beruht das Prinzip der Undurchdringlichkeit der Materie. – Fällt der Punkt A mit dem Punkt B zusammen, so haben wir es nur mit einem Punkt zu tun. – Nun kann allerdings an derselben Raumstelle ein Gravitationsfeld gleichzeitig mit einem elektromagnetischen

bestehen; wir unterscheiden jedoch diese Felder nur deshalb, weil sie nicht zu allen Zeiten zusammen bestehen. Doch ist diese Auffassung etwas unbefriedigend und es ist natürlicher, die beiden Felder als eine einheitliche »Weltqualität« aufzufassen.

44 Dadurch wird das Gesagte symmetrischer, »harmonischer« und einfacher, wollten wir Duhem, Poincaré, Weyl und den meisten Physikers und Mathematikern folgen, so müßten wir den Substanzbegriff als der »Wirklichkeit« nicht entsprechend fallen lassen! Doch haben derartige Harmonieargumente wenig Wert. – Übrigens wird ohne Substanzbegriff die obige Rede von der Identität des Verschiedenen sinnlos. (Davon mehr weiter unten.) Sie ist jedoch richtig, wenn man derartiges annimmt.

45 Jedes der »Welt« zugrunde liegende »Ding« kann an jeder »Weltstelle« vorhanden sein, was auch bei der Spaltung im Raume und Zeit gültig bleibt. Damit wird jedoch nicht die »Homogenität« des Raumes (Konstanz der riemannschen Krümmung gemeint: denn bei der Punkttheorie z.B. ist nicht die Figur, sondern der Punkt das zugrunde liegende »Ding«. Beim physikalischen Raum haben wir es statt mit dem Punkte mit dem physikalischen Atom zu tun. Prinzipiell ist die obige Behauptung auch hier noch gültig, aber nicht alle möglichen »Weltkonfigurationen« sind »objektiv verwirklicht«. Sie sind nur im weiteren Sinne physikalische; die Physik im engeren Sinne stellt (auf Erfahrung gegründete) »Konfigurationsgesetze« (z.B. das Gravitationsgesetz der RTh) auf, die gewisse »Weltkonfigurationen« ausschalten. Darin liegt ein wesentlicher Unterschied zwischen der mathematischen und physikalischen »Welt«; Voraussetzung dafür ist die qualitative Verschiedenheit der der physikalischen »Welt« zugrunde liegenden »Dinge«. – Nimmt man die obige Erklärung an, so wird man den sogenannten Farbraum usf. nicht »Raum« nennen können, da in ihm zwei identische Farben zusammenfallen.

46 Ich wähle diese Worte nur, um mich irgendwie auszudrücken. Beide »Typen« haben nichts außer der »Weltform« gemeinsam; da sie aber diese gemeinsam besitzen, so scheint die Benennung beider als »Welten« gerechtfertigt zu sein.

47 Einige lose Bemerkungen: Wir haben hier verschiedene »Geometrien« (z.B. Logik, Grammatik), denen bestimmte »Invarianten« zugrunde liegen. Das Wort (als geschrieben oder gesprochen) hat einen vorwiegend räumlichen Charakter; der Sinn – einen vorwiegend zeitlichen. Der Mensch lebt in beiden »Welten«: eine Aufschrift (z.B. Gefahr!) kann ihn genauso aufhalten wie eine Mauer. Indem er mehrmals »dasselbe« Wort aufschreibt, hat er eine Menge dem Sinne nach identischer »Dinge« nebeneinander im Raume; zwei Bedeutungen kann er »demselben« Worte nur nacheinander zuschreiben; er muß erst das Wort zu Ende lesen (bzw. hören), und dann versteht er es (z.B. ver, vert, vers).

48 Das ist nicht im platonisierenden Sinne gemeint, läßt jedoch auch diese Interpretation zu. – Daß »Punkt« usf. keine »sinnvollen« Worte sind, sieht man am deutlichsten bei einem axiomatischen Aufbau der Geometrie, denn wird mit dem Worte »Punkt« usf. (besser: »Elemente des ersten usf. Systems«) zunächst gar kein Sinn verbunden; es ist aber auch nicht das Wort selbst, das als »Punkt« als alles (nicht nur ein Wort) fungieren kann, was die betreffenden Axiome befolgt. Daß man es mit einem Raume zu tun hat, wird durch ein (meistens nicht explicito formuliertes) Axiom ausgedrückt. (Vgl. Geiger: Systematische Axiomatik [der Euklidischen Geometrie], Augsburg 1924, S. 115, Postulat 5) »Es gibt beliebig viele (zu ergänzen wäre: untereinander identische) Elemente eines jeden Elementensystems«. – Auf das Problem der Beziehungen zwischen Geometrie und Analysis (nachdenken!) soll hier nicht eingegangen werden. – Ist die »Welt« der »symbolischen Mathematik« Hilberts nicht die »ideale Welt«?

49 Das gilt sowohl für die »intuitionistische« als für die »formalistische« Interpretation; nur wird unter dem »sinnvollen Wort« Verschiedenes verstanden.

50 Das zeigt übrigens, daß dieser Raum eigentlich noch gar keine Dimensionen hat (Vgl. Poincaré; Dernières pensées, Paris 1926, S. 63f. In ihm kann es keine Figuren geben, so daß sich mit ihm (außer mengentheoretischer Überlegungen) nichts anfangen läßt.

51 Vgl. dazu: Klein, Höhere Geometrie; Weyl: Mathematische Analyse des Raumproblems; Reichenbach: Philosophie der Raum-Zeit-Lehre. Doch ist eine systematische Untersuchung der mathematischen »Weltgattung« bis jetzt noch nicht durchgeführt. – Eine Aufgabe für Koyré?

52 Im Wesen der Physik liegt es, im Ideal mathematische (= theoretische) Physik zu werden. Indem sie dies wird, arbeitet sie mit Begriffen, denen nichts physikalisch »Wirkliches« entspricht. Sie sind inadäquate, »statistische« Vertretungsbegriffe; das Gemeinte kann dagegen nicht mathematisch gefaßt werden und bleibt leere Intention. Das Vorhandensein dieser leeren Intention ist es, was die Physik (als »Sache selbst« genommen) charakterisiert.

53 Ich glaube, daß auch sie irgendwie »statistisch« interpretiert werden müssen. Die neueste Quantenphysik (Heisenberg u.a. seit etwa 1925) will ja überhaupt nur statistische Gesetze anerkennen. Es ist interessant, folgenden Satz bei Weil 1920 zu lesen (RZM, 4. Aufl., S. 283): »Es muß einmal klipp und klar gesagt werden, daß die Physik bei ihrem heutigen [Stande] den Glauben an eine auf streng exakten Gesetzen beruhende geschlossene Kausalität *der materiellen Natur* gar nicht mehr zu stützen vermag.« Die (von mir gesperrten) Worte sind jedoch wesentlich, denn die G- und E-Gesetze in der »leeren Welt« sieht Weyl noch als »streng exakt« an. – Wenn aber die E- und G-Gesetze auch inadäquat sind, so bedeutet die RTh doch einen Fortschritt; denn die »Übertragung« in die mathematische (wenn auch inadäquate) »Welt« ist doch gelungen.

54 Von den Schwierigkeiten der Quantentheorie sehe ich hier ab. Ich will nur darauf hinweisen, daß die »Welt« der QTh [Quantentheorie] sich nur provisorisch in die »Welt« der RTh »einbetten« läßt. Über den Charakter der zur QTh besser passenden »Welt« kann ich natürlich nichts sagen. Das ist eine Frage der Physik selbst.

55 Auch Weyls Vorschlag, die Materie als »Löcher in der Welt« aufzufassen, umgeht die Schwierigkeit nicht (abgesehen von der »Phantastik« dieses Vorschlages). Denn Feld und Materie müssen doch in Wechselwirkung stehen.

56 Der Dualismus ist sozusagen nur ein Minimum (für die Physik zugleich ein Optimum); hebt man ihn auf, so ist die physikalische »Welt« nicht mehr »an sich« von der mathematischen verschieden.

57 Es ist nicht leicht anzugeben, inwiefern das Feld als »zugrundeliegendes Ding« verstanden werden kann. Von »Feldatomen« wollen wir ja hier nicht reden. Man sollte eigentlich Elektronen, Protonen und die dem Felde »zugrunde liegenden Dinge« unterscheiden (wodurch wir freilich der Weyl'schen »Löchertheorie« nahe kommen). Die qualitative Gleichheit der »Dinge« der Feldkategorie würde sich dann in der »gleichen Natur« des Feldes äußern (d.h. in der Tatsache, daß an jeder Stelle des Feldes bei geeigneter Wahl der Koordinaten die quadratischen und linearen Grundformen dieselbe »kanonische« Form annehmen können). Doch würde uns die genaue Erörterung dieser Frage zu weit führen.

58 In diesem Sinne kann man viele »physikalische Räume« unterscheiden. So z.B. einen »Gewichtsraum« als Menge sonst verschiedener Dinge vom gleichen Gewicht. Im engeren (und eigentlichen) Sinne nenne ich aber nur denjenigen Raum physikalisch, bei dem die »Grunddinge« zugleich letzte, elementare Bausteine (Atome) der »objektiven Wirklichkeit« sind. Das Beispiel des »Gewichtsraumes« ist übrigens schlecht, da seine »Dinge« in sich nicht homogen sind; richtig ist, daß man verschiedene physikalische Räume nicht nur nach der Art der Zusammenhänge der »Grunddinge«, sondern auch nach der Qualität derselben unterschieden kann.

59 Will man die Kausalität gelten lassen, so könnte man diese Qualitäten dadurch erläutern, daß man sagt: 1) wirkt auf 2), 2) auf 3) und 3) wirkt nicht; die Dinge von 2) wirken (nach der RTh) nicht aufeinander. (Vgl. z.B. Reichenbach). Sollen Kausalzusammenhänge durch Differenzialgleichungen ausgedrückt werden können, dann hätte man immer nur mit zwei (»infinitesimal« verschiedenen) Konfigurationen 1) und 2) zu tun; kämen Integralgleichungen in Frage, so wirkt die Totalität der 1) auf 2). Im ersten Falle müßte man aus 1) und 3) die »ebenvergangenen« und die »sogleichwerdenden« Konfigurationen qualitativ auszeichnen (die übrigen 1) wären eine Art »ewig Vergan-

genes«); im zweiten hätte man eine natürliche Ordnung innerhalb der Kategorien (wenigstens in 1)). Doch soll das nicht weiter verfolgt werden (Schwierigkeiten!). – Aber die Tendenz der Zeit auf Kausalität zurückzuführen, scheint mir weder restlos durchführbar, noch zulässig zu sein. 1), 2) und 3) muß man wohl als ursprüngliche, nicht auf anderes zurückführbare Qualitäten betrachten. (Alles was ich über die Zeit sagen kann, ist übrigens noch äußerst primitiv!). – Es muß hervorgehoben werden, daß 2) nur durch eine Konfiguration vertreten wird. Allerdings nur in der klassischen Theorie; in der RTh können (für verschiedene Koordinatensysteme mit gleichem 0-Punkte) verschiedene Konfigurationen als »Jetzt-Konfiguration« angesehen werden. – Es ist wohl nicht angängig, mehr (oder weniger) als 3 Kategorien anzunehmen; das »ewig« Vergangene und Zukünftige sind ja Grenzen (limites?), die nicht mehr zur »Welt« gehören: es sind überhaupt keinen physikalischen »Dinge«.

60 Die objektive *ist* schlechthin, sie *geschieht* nicht. Nur von dem Blick des in der Weltlinie meines Leibes emporkriechenden Bewußtseins »lebt« ein Ausschnitt dieser Welt »auf und zieht an ihm vorüber als räumliches, in zeitlicher Wandlung begriffenes Bild« (Weyl: Philosophie der Mathematik, S. 82). Dagegen: »Fordert man, daß jene Grundtatsache des Bewußtseins, *die Einsinnigkeit des Zeitablaufes*, einen physischen Grund hätte, so müßte dies in den Gesetzen, nach denen die Materie das Feld erregt, zum Ausdruck kommen!« Die Liénard-Wiecher[tsche] Formel der klassischen Elektronentheorie war von dieser Art, aber die moderne Quantentheorie (von 1926) »läßt uns in der Frage nach dem Erzeugungsmechanismus des Feldes durch die Materie noch im Stiche« (a.a.O., S. 149). Der Konflikt der seienden »Welt« mit dem Werden wird aber auch durch die L-W-Formel nicht gelindert; dadurch wird nur eine »Weltrichtung« festgelegt.

61 So enthält auch die spezielle RTh nur Aussagen über das Koordinatensystem; nicht mehr. In der Invarianz drückt sich die »Objektivität« des »Gegenstandes« aus; dessen »Gegen-stand«-Charakter in der Notwendigkeit irgendeines Koordinatensystems. – In der Unterscheidung des »Koordinatenichs« vom »lebendigen Bewußtsein« scheint

mir der Sinn der Ausführungen Bergsons (Durée et simultanéité) zu liegen. Er ist natürlich nicht (wie Koyré glaubt) ein Verteidiger der »absoluten newtonischen Zeit«; denn diese ist eine wesentlich *meßbare* Größe, während die durée Bergsons nicht meßbar ist; es läßt sich unmittelbar (a priori) nur die Gleichheit (bzw. Ungleichheit) zweier durées erkennen, nicht aber das Wiegroß (bzw. »um wie viel größer«). – Es ist nicht richtig zu sagen, wie man es oft tut, – die spezielle RTh wäre nur Mathematik; sie ist gewiß Physik, aber auch die Physik hat es nicht mit der Wirklichkeit der »Sache selbst« zu tun.

62 Die physikalische »Welt« ist weder biologisch noch historisch; in ihr fehlt erstens das Urphänomen des Lebens – der Tod; zweitens ist in ihr weder für die Tragik des Zugrundegehens einer Kultur, noch für die Erschütterung einer geistigen Neuschöpfung eine Vertretung vorhanden. Es ist sinnlos, die Determiniertheit der Natur mit der menschlichen Freiheit »versöhnen« zu wollen; es gilt ja die eigentliche Zeit des Lebens und der Geschichte, die die ganze »Wirklichkeit« umspannt, zu »retten«. Dazu brauchen wir jedoch an der nur seienden Kausalwelt der Physik nicht zu rütteln; denn diese ist ja nur ein »Ort« der physikalischen »Dinge«, und Geschichte und Leben sind eben keine solchen »Dinge«. – Die neueste Physik leugnet das Kausalprinzip; die Zukunft ist für sie überhaupt nicht da, solange sie nicht Gegenwart geworden ist; auch die Vergangenheit braucht nicht mehr da zu sein, da sie auf die Gegenwart nicht wirkt. Die »Wirklichkeitswerte« werden auf diese Weise verschärft, aber inbezug auf das Werden wird dadurch nichts gewonnen. Das Vergangene muß dazu doch irgendwie »in der Erinnerung« bleiben, und diese »Erinnerung« kann in der Physik wiederum nur in der Form eines Koordinatensystems vorhanden sein.

63 Dies wird ganz klar von Weyl ausgesprochen. Vgl. Mathematische Analyse des Raumproblems, Bln. 1923, S. 45f., z.B. »Niemals aber wird es gelingen, die Wahrheit endgültig in der Form eines [toten] Seins, eines wie rationalen und wohlgeordneten auch immer, zu begraben«. – In diesem Buche hat Weyl folgendes gezeigt: *wenn* der metrische Zusammenhang den affinen eindeutig bestimmt, so hat die

Mannigfaltigkeit einen »pythagoreischen« Charakter (d.h. Vorhandensein einer invarianten nichtausgearteten quadratischen Form $g_{ik}\, dx^i\, dx^k$). (»Unerklärt« bleibt der Trägheitsindex 1 und die Dimensionszahl 4 – zum letzteren vgl. RZM, 4. Aufl., S. 259, ein »Einfachheitsgrund«). Mathematisch ist das Gezeigte bedeutungsvoll und wichtig; aber für die Physik ist ja eben dies »wenn« ein problematisches. Genau so hat ja Helmholtz-Lie gezeigt: *wenn* einem festen Körper freie Beweglichkeit zu kommen soll, so muß die Krümmung konstant sein (»unerklärt«: Wert der Krümmung und Dimensionalzahl); und trotzdem hat man in der RTh diese Konstanz aufgegeben.

64 Diese Bezeichnung ist gewählt, um die drei »Gattungen« gleichartig zu benennen. Vielleicht ist es besser, den sonst üblichen Namen – »Anschauungswelt« – zu behalten?

65 Die »Welt« der Chemie ist nicht »biologisch«, sondern physikalisch: ihre »Grunddinge« (chemische Elemente) sind in sich qualitativ homogen. Die »Welt« der »klassischen« Elementenchemie kann als eine Abart der physikalischen angesehen werden. Aber diese Abart hat nur eine historische und keine wesentliche Bedeutung. (Die obige Unterscheidung der »Weltgattungen« orientiert sich an ideal vollendeten Wissenschaften; in den faktischen ist die Differenzierung nie vollkommen durchgeführt. Nicht allen Kapiteln der Physik werden z.B. diejenigen »Dinge« zugrunde gelegt, die von der jeweiligen Auffassung als eigentlich »objektiv« wirkliche angesehen werden. So war die Physik von etwa 1920 keineswegs nur Elektronen – Gravitations – Elektrizitätsphysik.) »An sich« gehört die Chemie zur Physik: sie haben denselben »Gegenstand«, sie sehen dasselbe als »objektiv wirklich« an. Die moderne Chemie strebt in der Tat dazu, eine Elektronenchemie zu werden.

66 Auch die »beschreibenden« Wissenschaften kennen eine Invarianz: man bewegt sich um das beobachtete Ding, man beobachtet es zu verschiedenen Zeiten, mehrere beobachten dasselbe usf.

67 Die mathematische »Welt« ist nur für eine platonisierende Auffassung ein Vertretungsbegriff.

68 Diese Tatsache kann man auch so ausdrücken: die Biologie umfaßt die (»physiologische«) Psychologie (sofern diese von der »geistigen« Tätigkeit absieht); oder: die durch die »biologische« vertretene »Welt« ist die »Anschauungswelt«.

69 Jemand (wer? Scheler: Der Raum in (de ...)) hat sehr schön gesagt: wo es Ätherschwingungen gibt, dort kann es kein Auge geben, das sie sehen könnte. – Vielleicht beruht die Einführung der »Zweckursachen« auf der strengen Fassung der »Wirklichkeitswerte«; denn dann ist es ziemlich gleich, ob ein Nicht-(mehr)-seiendes oder ein (Noch)-nicht-seiendes auf das (Jetzt)-seiende wirkt. – Nachdenken!

70 Die Biologie, Geographie, Psychologie usf. haben es natürlich (wie alle Wissenschaften) mit »Gegenständen« zu tun, denen sie »objektive Wirklichkeit« zuschreiben. Nehmen wir das Verstehen des »Gegenstandes« hinzu, so haben wir nur die Biologie usf. als »Sache selbst«.

71 Man kann nicht sagen: die (mathematische), physische, »biologische« »Welt« haben denselben Existenzwert, d.h. sie existieren »nebeneinander«. Gerade umgekehrt: – sie existieren »ineinander« oder genauer: die ersteren *existieren* in der letzteren. Und ferner: der Redende muß »auch-leben«, »auch-physisch«, ja im gewissen Sinne »auch-mathematisch« sein, nur als Redender zu existieren; die »abstrakten Welten« werden abstrakt nur, sofern sie in der existierenden »Redewelt« »aufgehoben« werden: soll eine von ihnen »außerhalb« dieser *existieren*, so heißt das, daß diese überhaupt nicht da ist.

72 Um Engel braucht man sich nicht zu kümmern. Reden sie nicht, so können auch wir über sie nicht reden (sonst wäre ihr Schweigen zufällig); und da in der Nacht des Schweigens bekanntlich alle Kühe schwarz sind, so können wir sie als schweigende Menschen ansehen; ein wahrer Philosoph wäre dann ein Engel – kein Wunder, daß es solche nicht gibt. Reden sie, so kann man sie als Menschen betrachten (ist neben Berdjajeff auch Hegel ein Philosoph, so ist neben Hegel auch ein Engel ein Mensch!). Und was Gott anbetrifft, so ist Er sowieso ein reines Nichts, sofern die Welt existiert (oder wenigstens sofern ich existiere); denn nicht nur für den bekannten Astronomen

(wer war das eigentlich) sondern auch für einen Theologen ist für Gott in dieser Welt kein Ort (wörtlich genommen) anzuweisen. Übrigens endete der historische Versöhnungsversuch bekanntlich mit einem Gottesmord.

73 Vielleicht gibt es so etwas? Das gibt es, wenn Geschichte, Ästhetik usf. Wissenschaften sind (nicht nur Philosophie). Das scheinen sie in der Tat zu sein. Dann gibt es eine »anthropologische Weltgattung« vom »real-idealen Welttypus« (mit Arten: ästhetische usf.), als eine »abstrakt wirkliche« (?!). *Existieren* würde sie natürlich nur in der menschlichen. – Doch weiß ich vorläufig nichts davon; ich habe ja... »die Philosophie des Geistes noch nicht deduziert«!

74 Über jede der aufgezählten »Welten« (wie über alles überhaupt) läßt sich philosophisch reden; d.h. man kann sie als »Sache-selbst« betrachten und beschreiben. Wegen des dreigliedrigen Totalitätscharakters der »Sache-selbst« hat man es aber immer mit derselben wirklichen Welt zu tun; man beschreibt sozusagen nur die verschiedenen »Aspekte« derselben. Die wirkliche Welt als »Sache-selbst« ist die Totalität der »Aspekte«. Sie fallen nur in der redenden Philosophie auseinander, so wie in ihr auch die drei Glieder der »Sache-selbst« auseinanderfallen. Und darum fällt auch die Philosophie in Philosophen auseinander. Im Ideal wird das alles zusammenfallen; kein Wunder, da die ideale Philosophie doch dadurch ausgezeichnet ist, daß sie überhaupt nicht da ist. –

Allgemeine Anmerkung: Durch kein Reden kann man eine Sache anschaulicher machen als sie ist. Was z.B. Licht ist, »weiß« jeder Mensch, der nicht blind ist; sagt man ihm, das wäre Ätherschwingung, oder legt man ihm die Maxwell'sche Gleichung vor, so wird er über das Licht qua Licht nicht mehr »wissen« als er früher »gewußt« hat. Und das gilt auch vom philosophischen Reden; auch die »Bilderbuchphilosophie« kann einem Sehenden (geschweige denn einem Blinden) zu seinem Sehen nichts beitragen. (So auch das Reden über die »Welt«). Dann hat es aber keinen Sinn zu sagen, das philosophisch beschriebene Angeschaute wäre dem Angeschauten nicht ähnlich; Worte können ja den Anschauungsdingen überhaupt nicht »ähnlich« sein.

Dagegen kann das Reden ein Angeschautes begreiflicher machen. Oder vielmehr kann erst das Reden etwas überhaupt begreiflich machen; denn begreiflich machen heißt begrifflich machen und begrifflich machen heißt durch sinnvolle Worte ausdrücken. Um zu begreifen, muß man benennen: erster Urteilstypus – »Bennenungsteile«. Der Mensch kann sich in der »realen (historischen) Welt« bewegen und dazu Dinge anschauen; er kann aber bei einem Ding stehen bleiben und sagen (denken): »dies ist x«. X ist ein sinnvolles Wort, d.h. ein Begriff, d.h. das angeschaute existierende Ding minus dessen Existenz. Der Begriff existiert im Bewußtsein des Menschen (in der wirklichen Welt), und als sinnvolles Wort »ist« er in der »idealen Welt« »da«. Durch das Benennungsurteil wird also das Ding aus der »realen« in die »ideale Welt« »gehoben«. Es seien viele Benennungsurteile gefällt.

Der Mensch lebt auch in der »idealen Welt«, kann sich darin »bewegen«, kann mit sinnvollen Worten (Begriffen) hantieren. Das geschieht wiederum im Urteilen (Schließen usf.): zweiter Urteilstypus – »Relationsurteile« (sogenannt, weil Relationen nur zwischen Begriffen, nie zwischen bloß angeschauten Dingen bestehen). Der Mensch sagt (denkt): »y ist f(x)«. Y und die x_1 sind sinnvolle Worte, $f(x_1)$ – ein sinnvoller Satz, bzw. Satzgefüge (das mitunter dicke Bände ausfüllen kann). So entstehen Konfigurationen (der und) in der »idealen Welt«.

So wie der Mensch aus der »realen« in die »ideale Welt« übergehen kann, so kann er umgekehrt von der »idealen« in die »reale« gelangen. Das geschieht wiederum durch Urteilen: dritter Urteilstypus – »Aufweisungsurteile«. Der Mensch sagt (denkt): $f(x_1)$ ist dies, $f(x_1)$ ist ein sinnvolles Satz(gefüge), »dies« ein angeschautes Ding (das auch die ganze Welt sein kann). (Jeder Urteilstypus kann für sich verstanden werden: 1) erst Ding sehen, dann Wort schaffen bzw. von anderen erfahren; 2) Worte kontinuieren, ohne die Dinge zu kennen (Hilbert); 3) Wort schaffen, bzw. von anderen erfahren, dann Ding sehen.) Nun kommt das Merkwürdige: jede »Realkonfiguration« kann in eine »Idealkonfiguration« verwandelt werden, aber nicht umgekehrt (hier Ort des Irrtums). Der Übergang von »RK« zur »IK« ist nicht immer leicht: Welt anschauen und dann »Welt« sagen ist leicht; »Welt ist $f(x_1)$« zu sagen ist schwer, und zwar weil »$f(x_1) - f'(x_1)$« gleich sein soll »Welt – (Welt)'«. Schema:

a	
Welt – $f(x_1)$	a, b einzeln – schwer
d b c	
(Welt)' – $f'(x_1)$	a,b zusammen (mit gleichen x_1) – schwerer
	c = d – am schwersten.

Von einer RK ausgehend zur IK aufsteigen und dann zur selben RK zurückkehren heißt die RK abschreiben. Von einer RK ausgehen, zur IK gelangen, dann (IK)' bilden und schließlich zu (RK)' gelangen, heißt (RK)' erklären. Fällt RK mit der Welt zusammen, so gibt es nur ein Beschreiben (das man dann natürlich nicht ein »Erklären« nennen kann). Sonst sind Erklären und Beschreiben relative Begriffe. IKs direkt bilden heißt (begriffliche Worte) konstruieren; es ist nicht ganz einfach, aus sinnvollen Worten sinnvolle Satz(gefüge) zu bilden; Anweisungen dazu geben Grammatik und Logik. Das Gesagte gilt allgemein. Die Reden (Wissenschaften) unterscheiden sich nach den Worten (Begriffen). So existiert auch die Philosophie nur sofern es philosophische Worte (Begriffe) gibt. Man kann zwei Typen der Philosophie unterscheiden: 1) (eigentliche) beschreibende Philosophie: es werden neue Dinge entdeckt und benannt; 2) (uneigentliche) konstruierende (systematische) Philosophie: es werden Begriffe gefunden und kombiniert. Es gibt wohl keine nur 1)- oder 2)-Philosophen, aber ein starkes Überwiegen von 1) oder 2) gibt es. A priori deduzieren läßt sich natürlich nichts; man kann auch nie mehr »sehen« als man »sieht«. Eine philosophische IK läßt sich systematisch anordnen (innerhalb derselben gibt es dann ein »Deduzieren«); es fragt sich nur, ob ein Aufweisungsurteil möglich ist. Im Ideal (zweiter Stufe) muß die philosophische IK gleich der betreffenden RK minus deren Realität sein.

Der Inhalt dieser Anmerkung ist mehr als problematisch. Es wurde auch nichts Neues gesagt.

74a Ich kann keinen praktisch durchführbaren Weg zur Bestimmung der W-Atome angeben. Prinzipiell verhält sich die Sache so: Jede Raumkonfiguration, d.h. jede Anordnung der qualitativen Atome, füllt ein Zeitatom aus; d.h. maW: die Raumkonfiguration zu ZA_t und ZA_{t+1} sind voneinander verschieden und sie sind durch keine anderen Raumkonfigurationen voneinander getrennt. Es hat natürlich keinen Sinn, die Zeitatome ihrer »Dauer« nach miteinander zu vergleichen; nur der Bequemlichkeit halber kann man sagen, alle ZA wären »gleich groß«. Ein Raumatom ist dasjenige, was zu allen Zeiten in sich qualitativ homogen ist, wenngleich dasselbe RA zu verschiedenen ZA qualitativ verschieden sein kann. Es beruht auch hier nur auf einer (eigentlich sinnlosen) Übereinkunft, wenn man alle RA »gleich« nennt. Ein Weltatom ist dann ein (qualitativ homogenes) Raumatom RA_z zu ZA_t.

75 Ich nehme die LA an, um den physikalischen Charakter der betrachteten »Welt« zu betonen. In der eigentlichen physikalischen »Welt« gibt es kein LA, das an jeder »Weltstelle« als ein Gravitations-elektromagnetisches Feld vorhanden ist.

76 Damit ist freilich nicht sehr viel gewonnen, denn statt der Sprunghaftigkeit der Ortsveränderung haben wir die Sprunghaftigkeit des Qualitätswechsels.

77 Dies ist auch die Auffassung der Feldtheorie der Materie (z.B. Mie). Auch die von Weyl vorgeschlagene Agenstheorie (vgl. z.B.: »Was ist Materie?«) verwendet den klassischen Substanzbegriff nicht. Noch weniger tut dies die neueste Quantenphysik.

78 Es ist prinzipiell nicht ausgeschlossen, daß man die Verteilung der positiven und negativen Ladungen auf die Materieteilchen aus der Konfiguration der »Welt« ableitet. Versuche in diese Richtung sind mir jedoch nicht bekannt.

79 Nach der allgemeinen RTh braucht man keine qualitativ verschiedenen L-Atome anzunehmen: das EG-Feld ist nichts anderes als eine bestimmte Raumform mit identischen »Grunddingen«. Die RTh setzt jedoch eine stetige »Welt« voraus. Ich weiß nicht, ob man im diskreten Raume etwas der Krümmung und Eichung des relativistischen

Raume Analoges konstruieren kann. Ich lasse diese rein mathematische Frage auf sich beruhen und bin so gezwungen, die qualitative Verschiedenheit der LA vorauszusetzen.

80 Dieselben Schwierigkeiten bestehen auch bei der Voraussetzung einer stetigen »Welt«. Denn obgleich es dann zwischen irgend zwei Konfigurationen immer eine von beiden verschiedene gibt, so besteht zu jedem bestimmten Zeitpunkte doch nur eine Konfiguration, die sich eben nicht ändert. Der zenonische Pfeil kann – wie Koyré a.a.O. hervorhebt – weder im stetigen noch im diskreten Raume fliegen.

81 Durch die Ausreichung einer Richtung wird die Nichtumkehrbarkeit der Zeit in der »Welt« vertreten. Die Ausreichung der t-Richtung hat folgende Form: nach dem angenommenen Gesetz kann ein Zusammenhang zweier Raumkonfigurationen K_1 und K_2 nur auf die Weise bestehen, daß man zu K_2 über K_1 und nicht umgekehrt zu K_1 über K_2 gelangen kann. Da jedoch beide Konfigurationen in der »Welt« sozusagen »gleichzeitig« existieren, so ist es immer möglich, ein *anderes* Gesetz anzunehmen, nach dem man zu K_1 nur über K_2 gelangen kann. Es fragt sich nur, ob man das Gesetz immer auch so formulieren kann, daß beide Richtungen zugleich als möglich erscheinen. Das weiß ich nicht. – Nachfragen! Vgl. die Ausführungen Poincarés über den »Lumen« Flammarions.

82 Eine Phantasie, die mir eben einfällt: Ein R_2 kann als werdender R_3, R_3 als werdender R_4 usf., aufgefasst werden; verräumlicht man eine »Welt« von n Dimensionen, so hat man nur eine Konfiguration in einer werdenden »Welt« n+1. – Ein Beispiel dafür, was *nicht* Metaphysik ist!

83 In dieser Beziehung widerspricht also die Hypothese der diskreten »Welt« nicht der RTh. Für die RTh ist es aber wesentlich, daß nicht beliebige »Weltatome« als Jetztatome angesehen werden können.

84 »Aus der Lage und Geschwindigkeit der Dinge zur Zeit t_0 läßt sich aufgrund des angenommenen Gesetzes deren Lage und Geschwindigkeit zu jeder Zeit t ermitteln«. Das wird inbezug auf eine stetige »Welt« gesagt. (Eine Frage – auf die ich hier nicht eingehe – bleibt allerdings bestehen: wie soll das ds/dt_0, d.h. die Tangente zur Bahn

im Punkte (x_0, y_0, z.) physikalisch gedeutet werden, und wie läßt sich die Geschwindigkeit in einem Zeitpunkt physikalisch feststellen?) In der diskreten »Welt« muß man mindestens zwei Konfigurationen haben, um von der Geschwindigkeit reden zu können. Aber auch dann haben wir nur die Richtung, nicht den Betrag der Geschwindigkeit. So sollte ich statt »zwei« »endlich viele« sagen. Aber (und das will ich weiter unten im Text genauer ausführen) die Geschwindigkeit eines Atoms (oder vielmehr eine Qualität) ist auch in keinem Abschnitt gegeben, da ja nur eine gleichförmig sein kann; um die Geschwindigkeit zu kennen, muß man die ganze »Weltlinie« betrachten, – dann ist aber das obige eine Tautologie. Die mechanische Deutung der Kausalität scheint also in der diskreten »Welt« jeden Sinn zu verlieren.

85 Die Anordnung der Atome in einer Konfiguration ist nicht kausal bestimmt. Nach Annahme eines Gesetzes kann man freilich viele Konfigurationen als unmögliche verwerten, aber um das Gesetz aufzustellen, muß man mindestens eine Konfiguration voraussetzen. Eine Konfiguration ist unmöglich nur, weil sie auf Grund des Gesetzes auf eine bestimmte Konfiguration nicht folgen kann; dagegen kann jede Konfiguration als Ausgangskonfiguration dienen.

86 Man muß unterscheiden: 1) gewöhnliche Kausalität, sofern eine Konfiguration genügt, und 2) die »Vererbungskausalität«, sofern mehrere Konfigurationen notwendig sind; die Mindestzahl derselben würde dann sozusagen die Intensität des Kausalzusammenhanges der »Welt« messen. Daß wir des Kausalcharakters der »Welt« nie sicher sein können, hat Klein ausdrücklich betont (Vgl. Elementarmathematik, Bd. III, 3. Aufl. Bln. 1928, S. 65); die Physik kennt nur »Funktionsstreifen«, und da man stets analytische Funktionen finden kann, die sich von einer gegebenen unendlich wenig unterscheiden, so ist die Physik nie sicher, ob die »physischen« Funktionen, die sie durch analytische darstellt, in der Tat analytisch sind.

87 Auch wenn ihm das Kausalgesetz irgendwie a priori gegeben wäre, könnte er davon keinen Gebrauch machen, denn die Qualität läßt sich nicht durch Worte vorzeigen.

88 Setzt man einen unendlichen Raum voraus, so hat die Variabilität dieser Zahl keinen Sinn. Wäre es dagegen möglich, einen im Sinne der allgemeinen RTh geschlossenen und doch diskreten Raum zu denken, dessen Radius mit der etwaigen Variation der Qualität der Materie (Energie) variieren würde, so könnte man wohl von einer Variation der Zahl der R-Atome reden.

89 Wenn die Gegenstände der Physik statistisch sind, so müssen wohl (?) deren Gesetze statistisch sein. Das scheint der Standpunkt der neuesten Physik zu sein. Vgl. dagegen die Anmerkung 2 auf S. 163 in Haas: Materiewellen [und Quantenmechanik] (Lpz.1929), 2. Aufl.

90 Vgl. dazu Petzold: Kausalität, in »Naturwissenschaft« 1929, Heft 3, S. 51f., [a.a.O.] – Mir scheint es, daß die Voraussetzung eines Erhaltungssatzes vollkommen genügt.

91 Eine »intuitionistische« (im Sinne Brouwers) Physik darf dies »an sich« nicht behaupten; doch scheint die »intuitionistische« Argumentation mit dem Realismus der Physik kaum verträglich zu sein.

92 Die Enterbung der faktischen Physik setzt voraus: 1) eine (wenigstens relative) Erhaltung endlicher (und zwar »kleiner«) Konfigurationen-Dinge; 2) eine Erhaltung raumzeitlich endlicher (»kleiner«) Konfigurationsgruppen-Periodizität.

93 Vgl. darüber Bachelard. Am interessantesten ist bei ihm die Untersuchung der Rolle dieses Begriffs in der Mathematik. – Noch einmal lesen und nachdenken, denn Mathematik und Physik scheinen auch in dieser Beziehung prinzipiell verschieden zu sein.

94 *Einige Bemerkungen über die neueste Physik.* Die während des ersten Viertels des XX. Jh. bestehende Krisis der Physik scheint jetzt im Großen und Ganzen überwunden zu sein. Die allgemeine RTh wird jetzt allgemein als die letzte Konsequenz und als der allumfassende Abschluß der klassischen Physik der XVII.-XIX. Jahrhunderte angesehen. (Vgl. z.B. Meyerson, La déduction relativiste, [Paris 1923], und Jordan: Der Charakter der Quantenphysik, Naturwissenschaften 16, 1928, S. 765ff.) [doi.org/10.1007/BF01507084]. Dagegen beginnt mit Plancks Entdeckung des Quantenprinzips im Jahre 1900 eine wesentlich neue Epoche. Zunächst standen die beiden Physiken

unvermittelt nebeneinander, so den Anschein einer Krisis hervorrufend. Jetzt scheint der Gegensatz im Wesentlichen überwunden zu sein (Arbeiten von de Broglie, Schrödinger, Heisenberg, Born, Jordan, Dirac, Fermi, Weyl u.a.). Man muß jedoch zwei Tendenzen unterscheiden: einerseits sucht man die Quantenphysik unter Zugrundelegung der klassischen Grundprinzipien (Kausalität und Kontinuität, aber keine Substanzialität) zu interpretieren und in das alte Gebäude hineinzubeziehen (Schrödinger, der ziemlich allein steht; auch etwa Planck und die älteren Physiker); anderseits sucht man eine einheitliche Physik auf ganze neuer Grundlage aufzubauen, und die alten Ergebnisse dementsprechend neu zu interpretieren. (Verzicht auf genaue raumzeitliche Bestimmtheit und Kausalität; aber die Substanz wird – als leere Intention – beibehalten. – Heisenberg und die meisten jungen Physiker). Ich glaube, daß die Zukunft der letzteren Richtung gehört, daß wir also einen Wendepunkt in der Geschichte der Physik erleben. Wenn es so ist, dann hat die Philosophie der Wissenschaft (Erkenntnistheorie) die Aufgabe, die neue physikalische Welt ebenso zu bearbeiten, wie die alte bearbeitet wurde. Das Hauptproblem besteht dabei in der Klärung der Wahrscheinlichkeit und Statistik, die bis jetzt wenig beachtet wurden. Die Aufgabe ist außerordentlich schwierig. Das Folgende hat mit der Lösung dieser Aufgabe nichts zu tun. Es sind nur lose Bemerkungen.

1) *Die Rolle des Experiments.* Für die neueste Physik ist eine noch nie dagewesene außerordentlich hohe Schätzung (die keineswegs als eine Überschätzung angesehen werden darf!) des *faktischen* Experiments charakteristisch, verbunden mit der klaren Erkenntnis der prinzipiellen Schranken desselben. Es gab freilich auch früher Epochen, wo man »das letzte« zu beobachten, die absolute Grenze der Beobachtung erreicht zu haben glaubte. Aber (von Comte sehe ich ab) dabei fasste man die Beobachtung als eine adäquate an; man baute aprioristische Theorien auf und sofern die Beobachtung ihnen entsprach, fasste man diese als eine letzte und adäquate. Für das XIX. Jahrhundert ist typisch: das Experiment überhaupt wird hoch geschätzt; aber seine Inadäquatheit wird klar erkannt; man glaubt an das Steigen der Genauigkeit ins Unbestimmte und so ist jede einzelne

faktische Beobachtung als eine provisorische angesehen und demnach mit gewisser Geringschätzung beurteilt. Für die klassische (im weitesten Sinne) Physik ist charakteristisch: man hat eine Reihe von Prinzipien (raumzeitliche Struktur der Welt, raumzeitliche Bestimmtheit der Phänomene, Kausalität, Substanz), die unerschütterlich, weil außerphysikalisch, sind; dann hat man physikalische Begriffe und Theorien, die Funktionen des beobachteten Materials sind.

Die neueste Physik: das faktische Experiment wird als ein endgültiges aufgefasst (psychologische Erklärung: außerordentliche Entwicklung der Beobachtungstechnik), aber auch inbezug auf die Intentionen der klassischen Physik als ein inadäquates; das faktische Experiment hat eine zentrale Bedeutung und alle Prinzipien, Begriffe und Theorien sind Funktionen desselben. Schema: was sich heute nicht beobachten läßt, läßt sich prinzipiell nicht beobachten; was sich physikalisch beobachten läßt, darf in die Physik nicht aufgenommen werden, d.h. es gibt keine unerschütterlichen außerphysikalischen Prinzipien, die als Grundlagen der Physik dienen könnten. In dieser Beziehung ist schon die (in ihrem theoretischen Aufton [Anklang] klassische) RTh modern; denn auf Grund eines (als endgültig angesehenen) Experimentes (Michelson) werden gewisse Prinzipien aufgegeben (Euklidizität des Raumes, Absolutheit der Gleichzeitigkeit usf.). Besonders typisch ist aber die Feststellung Heisenbergs (Vgl.: Über den anschaulichen Inhalt der [quantentheoretischen Kinematik und] Mechanik, Z. f. Phys., 1927, S. 172ff. [doi.org/10.1007/BF01397280]): $\Delta p. \Delta q \geq h$, die den Verzicht auf Kausalität usf. rechtfertigen soll.

2) *Die Rolle des Beobachtens.* Schon die älteste Physik kennt den Unterschied: Subjekt-Objekt, subjektive-objektive Sachverhalte. Als Garantie der Objektivität (mit der die Physik allein zu tun haben will) gilt die Invarianz gegenüber Koordinatentransformationen; eine Forderung, die explicite und allgemein durch die allgemeine RTh ausgesprochen wurde. Das Subjekt wird also durch das K-System vertreten. Man glaubt an die Möglichkeit, das absolut »Objektive« fassen zu können, ist jedoch gezwungen immer nur Sachverhalte für »bloß subjektiv« zu erklären (zuletzt die Gleichzeitigkeit in der RTh). Die neueste Physik (Heisenberg) erkennt die prinzipielle Sinnlosigkeit

dieses Glaubens: das absolut »Objektive« ist auch das absolut Unbeobachtbare, denn jede Beobachtung verändert das Beobachtete. (Diese Erkenntnis ist natürlich nicht durch die immer zunehmende Bedeutung des Lichtes bei den heutigen Experimenten verursacht; im Gegenteil, eben weil fast ausschließlich das Sehen verwendet wurde, konnte diese elementare Wahrheit so lange verborgen bleiben; daß das Tasten, Riechen, und Schmecken das Beobachtete verändert, war viel leichter einzusehen). Während in der Mathematik die Ichzentriertheit des faktisch erkannten Gegenstandes restlos durch das K-System vertreten werden kann, ist es in der Physik nicht der Fall, denn diese Ichzentriertheit ist selbst ein physikalisches Phänomen (Vgl. Bohr, Das Quantenpostulat, Naturwissenschaften 16, 1928, S. 245ff. [a.a.O.]). Das Subjekt = bzw. Koordinatenproblem ist zwar nach wie vor kein physikalisches Problem, aber die Physik muß der Tatsache der Ichzentriertheit positiv (nicht nur negativ durch Invarianzforderung, denn das führt schließlich zur Vernichtung des Gegenstandes) Rechnung tragen. Das tut die neueste Physik. Auch sie eliminiert die Ichzentriertheit, indem sie den Gegenstand der Physik verändert. Aber – und das ist das prinzipiell Neue – der Gegenstand, mit dem die Physik operiert, wird jetzt explizit als mit dem von der Physik intendierten Gegenstand nicht zusammenfallend erkannt; der intendierte Gegenstand spielt explizit die Rolle einer für immer leeren Intention.

3) *Wahrscheinlichkeit und Statistik.* Damit zusammen hängt die grundlegende Bedeutung der Wahrscheinlichkeit und Statistik für die neueste Physik. (Allerdings ungenau könnte man so sagen: der intendierte Gegenstand ist das Elektron; die Physik operiert aber nicht mit ihm, sondern mit einem Raumvolumen, in dem das Elektron eingeschlossen ist, ohne dessen genauen Ort zu kennen). Auch früher hatten statistische und wahrscheinlichkeitstheoretische Überlegungen eine große Rolle in der Physik gespielt (Boltzmann, Gibbs, Maxwell, n.a.), aber man hat ihnen eine bloß »subjektive« Bedeutung zugeschrieben: »an sich« sollte jeder Gegenstand eine genaue raumzeitliche Lage haben und jeder Vorgang eindeutig kausal bestimmt sein. Man hat allerdings bald erkannt (z.B. Poincaré), daß das Gerede über die »Subjektivität« von Wahrscheinlichkeit und Statistik eigentlich sinnlos

war, aber man glaubte, daß in der Welt sowohl ein kausaler als auch ein statistischer Zusammenhang bestand. Die Erkenntnis des letzteren galt als Provisorium, während das eigentliche Ziel das Aufsuchen des ersteren war. Dagegen will die neueste Physik ausschließlich Wahrscheinlichkeits- und Statistik-Physik sein.

4) *Kausalität*: Die Kausalität wird also geleugnet. Das ist so zu verstehen. Die Anwendung der Kausalgesetze fordert gewisse Voraussetzungen, die durch physikalische Mittel nicht herzustellen sind; also müssen Kausalgesetze aus der Physik verschwinden. Das heißt natürlich nicht, daß auf alle Gesetze überhaupt verzichtet wird, daß »aus allem alles werden kann«. Hier muß zunächst an die Unabhängigkeit der Erhaltungssätze von den kausalen erinnert werden; auch eine WSTPhysik [Wahrscheinlichkeits- und Statistik-Physik] kann gewisse Erhaltungssätze beibehalten (etwa die Erhaltung der Anzahl der Elektronen, oder der Elektrizitätsmenge). (Das muß ich genauer überlegen, auch nachfragen. Ist der Einwand Haas' beweisend?) Inbezug auf die Zusammenhangsgesetze besteht der Unterschied im folgenden. Die klassische Physik glaubte, daß es physikalisch feststellbare genaue Kausalgesetze gibt, die für das intendierte Einzelding gelten. Die neueste Physik leugnet dies: über das intendierte Ding (etwa ein Atom, als bestimmte Konfiguration von Elektronen und Protonen) lassen sich nur W-Aussagen machen; man weiß weder genau, wie es zur Zeit t_0 ist, noch was daraus zur Zeit t wird (Einschränkungen können durch Erhaltungssätze allerdings gegeben werden). Fasst man dagegen einen »statistischen« Gegenstand ins Auge (etwa eine große Menge von Atomen), so lassen sich Gesetze aufstellen, die von ihm »genau« befolgt werden (hat man z.B. 100000 Atome die zur Zeit t_0 – »durchschnittlich«? – im Quantenzustande a sind, so kann man voraussagen, daß in 10 Sekunden 80000 im Zustande a bleiben, 10000 den Zustand a', 5000 – a'' usf. annehmen werden). Das Wort »genau« kann jedoch richtig interpretiert werden: die Genauigkeit gilt nur inbezug auf den »statistischen« Gegenstand, nicht auf die Elemente desselben (man weiß erstens nicht, welches Atom im Zustande a, welches im a' usf. sein wird; zweitens muß das »Gesetz der großen Zahlen« berücksichtigt werden – doch nachfra-

gen, ob das wirklich so gemeint ist –: es können auch etwa 80025 oder 79950 im a sein usf.). Die Gesetze der WSTPhysik fallen mit den klassischen »Kausalgesetzen« zusammen, sofern auch diese auf »statistische« »Gegenstände« (etwa ein Planet oder auch irgendein »größeres« Ding) angewandt wurden: im »Makroskopischen« (inbezug auf den Menschen, natürlich; wieder wesentliche Rolle des Beobachters und Unterschied vom mathematischen K-System) fallen beide Physiken zusammen.

5) *Substanz*. Inbezug auf die Substanz ist die Sachlage ziemlich verwickelt. Man muß zwischen Universal- und Individualsubstanzen unterscheiden (etwa Energie-Elektron). So kann man z.B. die Erhaltung der Qualität der Materie im Gesamtraum annehmen und trotzdem etwa eine Verwandlung einzelner Materieteilchen in elektromagnetische Wellen zulassen, wenn nur irgendwo ein Ersatz des vernichteten Teilchens entsteht. Doch kann man derartige Universalsubstanzen nur uneigentlich Substanzen nennen: wenn sich die Substanz erhalten muß (unser M-Teilchen ist also keine Substanz), so ist doch nicht alles, was sich erhält (z.B. die Energie) – Substanz. Die ältere Physik hat grundsätzlich mit Substanzen im eigentlichen Sinne des Wortes operiert. Aber schon innerhalb der klassischen Physik ist dieser Begriff erschüttert worden (Mies Theorie der Materie, Kausalität der Masse in der RTh usf.). Der Höhepunkt bildet in dieser Beziehung die neueste Wellenmechanik (de Broglie, Schrödinger). Am weitesten geht dabei der inbezug auf die Kausalität klassisch denkende Schrödinger. Heisenberg und sein Kreis – den ich für den eigentlichen Vertreter der neuesten Physik halte – ist dagegen dem Substanzbegriff günstiger. Doch spielt dieser Begriff bei ihm eine wesentlich andere Rolle als in der älteren Physik: die Substanz ist raumzeitlich und kausal indeterminiert; sie ist eigentlich eine leere Intension und spielt nur als Grundelement des statistischen Gegenstandes eine Rolle.

Zusammenfassend sage ich: die neueste Physik ist eine Physik, die sich selbst versteht (oder ist wenigstens auf dem besten Wege dies zu werden), denn sie hat den prinzipiellen Unterschied des (statistischen) physikalischen Gegenstandes von denen der Mathematik und Biologie erkannt.

95 In der Mathematik ist eine derartige Flucht des »Subjekts« aus dem K-System ausgeschlossen. Warum? – Die Physik musste andauernd Opfer bringen, um das »Subjekt« gefesselt zu halten; das letzte war die Aufgabe der Gleichzeitigkeit in der RTh; auch das hat nicht geholfen. Warum?

95a Unter »Ding« verstehe ich, hier, der Bequemlichkeit des Ausdrucks halber, die homogene Qualität, deren »Bewegung« wir verfolgen; »in Wirklichkeit« sind es verschiedene RA, die nacheinander diese Qualität annehmen; da dies alles jedoch nur eine gedankliche Konstruktion ist, können wir ebenso gut die Qualität als ein beharrendes Ding auffassen.

96 Die Übereinstimmung mit der RTh ist natürlich zufällig, da diese mit der Annahme einer stetigen »Welt« wesentlich verbunden ist.

97 Das folgende gilt auch inbezug auf eine sprunghafte Bewegung im stetigen Raume; wenn so etwas dort überhaupt denkbar ist.

98 Von Kausalität kann natürlich keine Rede sein, da dieser Begriff inbezug auf die »Welt« als Ganzes keine Bedeutung hat. – Von rein mathematischen Schwierigkeiten sehe ich dabei ab.

99 Auch die klassische Mechanik ist in der faktischen Anwendung natürlich nur Approximationsmechanik. Der Unterschied besteht nur darin, daß die klassische prinzipiell eine unendliche Approximierbarkeit zulässt, im Gegensatz zur »diskreten« Mechanik; denn die Gesetze der letzteren werden bei einem gewissen Grad der Genauigkeit nicht mehr anwendbar. – Nun weiß ich nicht, ob die Möglichkeit einer klassischen Approximationsmechanik aus der Idee derselben unmittelbar folgt, oder ob andere Voraussetzungen dazu nötig sind. (Es mag sein, daß dabei $Ldt = 0$ eine Rolle spielt.) Mathematisch formal liegt ja die Sache so, daß bei jedem Gesetz der Fehler der Voraussage als Funktion des Fehlers der Ausgangsbestimmung angegeben werden muß. Was heißt das physikalisch?

100 Man muß noch die Theorien von Weyl und Brouwer durchdenken!

101 Das Zu-jeder-Zeit-sein-müssen ist für das abstrakte »Ding« charakteristisch; das biologische Ding (auch ein Stein) muß nur [in] seiner Zeit (wie auch in seinem Raum: durch das Zerschlagen hört es auf

zu sein) sein, und es hört auf, wenn diese aufhört. (»Metaphysische Umdeutung«: der Mensch stirbt, sobald er sein Werk vollbracht hat; – Weyl). Es ist jedoch auch hier »pas mal de verbalisme«!

102 Auf dieser Tatsache beruhen die »Paradoxien« der RTh, die ja nur die messbare Bewegung betrachtet. Darum muß wohl die physikalische Bewegung in der »Philosophie der Wissenschaft« (Erkenntnistheorie) »idealisiert« interpretiert werden, was natürlich keineswegs bedeutet, daß die Philosophie als solche »idealisiert« sein soll.

103 Das gilt für die Punkttheorie; anders ist es bei Brouwer, da er keine festumgrenzten Elemente des Kontinuums benutzt, sodaß man auch nicht sagen kann, zwei Elemente fallen notwendig zusammen oder nicht. – Dagegen scheint Weyls Theorie (1918) zwar einen formalmathematischen, aber keinen sachlichen Fortschritt gegenüber der Cantor'schen zu bedeuten.

104 Die nichtarchimedischen Geometrien von Veronese und Hilbert sind für die Physik wohl unbrauchbar; es sind übrigens auch nur Andeutungen.

105 Sogar Heisenberg kommt damit gut aus; vgl. Z. f. Physik, 1927, Bd. 43., S. 172, [a.a.O.].

106 Vgl. Fournier u.a.: Quelques suggestions [concernant] la matière [et le rayonnement], Paris 1928, S. ?

107 Was man unter einer »statistischen Welt« zu verstehen hat, kann ich noch nicht angeben. Es genügt jedenfalls nicht zu sagen, sie sei der »Ort« »statistischer Dinge«, wenn dies auch richtig ist. Was mir vorschwebt, ist etwa folgendes. Die Physik intendiert ein »objektiv wirkliches« »Ding«, etwa ein Elektron, das an einem bestimmten Ort ist. Das »Ding« selbst und dessen genauer Ort sind jedoch nur leere Intentionen. Faktisch operiert sie mit einem (»statistischen«) Ding, das aus einem (»kleinen«) Raumgebiet und dem darin enthaltenen Elektron besteht, dessen Ort innerhalb dieses Raumgebietes unbekannt ist. Dieses »statistische« »Ding« ist das »Grundding« des Raumes; der statistische Raum ist die Menge derartiger zum Teil identischer »statistischer« »Dinge«. Dieses »Grundding« ist nicht mehr in sich homogen im strengen Sinne des Wortes; es ist aber »statistisch« ho-

mogen, sofern das Elektron an jedem »Ort« innerhalb des »Grunddinges« vorhanden sein kann, sodaß im gewissen Sinne (im Sinne der gleichen Wahrscheinlichkeit) das Elektron sozusagen über das ganze »Grundding« gleichmäßig ausgebreitet ist. Inhomogen ist das »Grundding« also nur inbezug auf das identische »Ding«; als faktisch verwendetes ist es homogen (und darum vom biologischen »Grundding« verschieden). Ähnliches gilt inbezug auf die Zeit, indem eine Änderung in eine Zeitstrecke eingeschlossen ist. Die »Weltatome« würde man dann vielleicht in diesem Sinne als »statistische Atome« deuten können.

108 *Einige Bemerkungen über den Dharmabegriff.*
Im Buddhismus ist dharma ein metaphysischer Begriff, in gewissem Sinne analog dem, was ich früher die »Sache selbst« nannte. (Vgl. z.B. [Otto] Rosenberg, [Die Probleme der Buddhistischen Philosophie, Heidelberg 1924], S. 82-108); dharma ist das erkannte Ding, in seinem Unterschied von allen anderen. Ähnlich wie die Monaden Leibniz' wurden jedoch auch die dharmen oft als »Gegenstände« (miss)gedeutet, und so entstand der sogenannte buddhistische Atomismus der »realistischen« Schulen des Hinayana (die Vaibhasika und Sautrantika). So entwickelt sich eine Auffassung, die den obigen Ausführungen über die diskrete »Welt« sehr ähnlich ist. Man hat eine menschliche Menge von qualitativ verschiedenen Atomen, von denen jedes nur einen »Augenblick« (ksana) dauert und diese Menge macht die Welt aus. Etwaige (natürlich nur momentane) Verbindungen dieser Atome haben keine Substanzialität, sind untereinander nicht kausal verknüpft – »bloße Namen«. Die oben erörterte Grundschwierigkeit ist den buddhistischen »Realisten« wohl bekannt; sie streiten darüber, ob alle dharmen, d.h. auch die zukünftigen und vergangenen, oder nur die gegenwärtigen existieren. Beide Annahmen führen jedoch zu keinem befriedigenden Resultat inbezug auf Bewegung oder Änderung überhaupt. Der Begründer der »nihilistischen« Schule – Nagarjuna – beweist, von beiden Annahmen der »Realisten« ausgehend (u.a. mit einem Argument, das dem Pfeilargument analog ist), die Unmöglichkeit der Bewegung (vgl. z.B. Die Mittlere Lehre, Chinesische Version, Heidelberg 1912, S. 12ff.). Er verwirft

überhaupt die »substanzielle« Auffassung der dharmen, zugunsten der metaphysischen.

Auch bei Vasubandhu sind die dharmen metaphysische Begriffe, und keine physikalischen Atome. Nach ihm sind nur Lebewesen »Dinge«, indem sie eine Folge momentaner Dharmakombinationen ausmachen. Unter dharma wird dabei irgendein »wahrgenommenes Ding« verstanden, aber nicht so als ob ein »Subjekt« das Ding wahrnimmt, sondern »Ding« und »Subjekt« fallen zusammen; die Menge der »wahrgenommenen Dinge« (dharmen) macht eben das »Subjekt« (Lebewesen – santana) aus. Durch eine besondere »vereinigende Kraft« (prapti) werden in einem »Augenblick« (ksana – analog dem Zeitatom) gewisse dharmen zu einer Einheit verbunden, die nichts anderes als der Momentanzustand eines Lebewesens ist, zugleich aber auch der Momentanzustand seiner Welt. Im nächsten »Augenblick« werden neue dharmen vereinigt, usf. ins Unendliche. Welche dharmen in einem »Augenblick« vereinigt werden, wie deren Konfiguration in diesem »Augenblick« ausgefallen ist und wie sie im nächsten ausfallen wird, all das ist durch das karman des Lebewesens (das allerdings erst durch dieses karman entsteht), durch seine freie und bewußte Tat bedingt. Die prapti verbindet nur die dharmen innerhalb eines »Augenblicks«, während das karman sozusagen die zu verbindenden dharmen auswählt; außerdem bedingt und ermöglicht das karman das Werden, indem es die zu verschiedenen Zeiten bestehenden Konfigurationen zum santana vereinigt und so das Lebewesen schafft. Eine Menge von Mengen von dharmen (»Lebewesen«), die durch gleiches oder ähnliches karman verbunden sind, bildet eine Welt. In diesem Sinne spricht man von einem Weltkarman; es wird eine menschliche Menge verschiedener Welten angenommen, über deren gegenseitige Beziehungen nichts gesagt wird. Das »Lebewesen« dauert, solange es handelt; hört das Handeln (karman) auf, so fallen die dharmen auseinander und das »Lebewesen« ist erlöst.

Boulogne s. Seine
24.IV.29.

ZUSÄTZE

I. Wenn die neueste Physik (Heisenberg u.a.) die Kausalität leugnet und mit der Statistik arbeitet, so scheint das Folgendes zu bedeuten. Die intendierten »Dinge« (z.B. Elektronen) werden, da der Beobachtung (zugleich in allen ihren Bestimmungsstücken) prinzipiell unzugänglich, als leere Intentionen erkannt. Faktisch operiert die Physik mit »statistischen Dingen«, so z.B. mit einem kleinen Raumvolumen, innerhalb dessen das Elektron irgendwo ist. Inbezug auf diese »Dinge« gelten »genaue« Gesetze, die man auch »Kausalgesetze« nennen könnte. Inbezug auf das intendierte »Ding« sind es jedoch ungenaue statistische Gesetze. Nähert sich das faktische »statistische« »Ding« dem intendierten, so nähert sich das statistische Gesetz dem kausalem, um mit ihm genau zusammenzufallen, falls die »Dinge« zusammenfallen. Es scheint, daß die Möglichkeit derartiger statistischer Gesetze das Bestehen (wenigstens »an sich«, d.h. für die Physik als leere Intention) kausaler Gesetze weder fordert noch ausschließt. Heisenberg behauptet nur, daß die Kausalgesetze für die Physik immer leere Intentionen bleiben werden und demnach ausgeschlossen werden müssen. Von Statistik, Ungenauigkeit usf. zu reden hat jedoch nur dann einen Sinn, wenn man »genaue« »Dinge« (etwa Elektronen) wenigstens als leere Intentionen voraussetzt (Vgl. Heisenberg: Z. f. Phys. 43, 1927, S. 172ff., vor allem S. 197). Vgl. auch die bemerkenswerte Stelle bei

Boutroux: De la contingence [des lois de la nature], Paris 1898, S. 25.

II. »Erklären« heißt folgendes:

Man hat gewisse »Dinge« und empirische Regeln, die deren Relationen ausdrücken. Diese Regeln folgen nicht aus dem Wesen der »Dinge«. Nun werden die alten durch neue »Dinge« substituiert und die alten Regeln sind nunmehr notwendig Folge der Regeln, die inbezug auf die neuen »Dinge« gelten. Und diese Regeln sind Gesetze, indem sie aus dem Wesen der neuen »Dinge« ableitbar sind. Schrödinger hat das Bohr'sche Atom in diesem Sinne »erklärt«. Neu ist aber, daß seine neuen »Dinge« keine physikalische »Wirklichkeit« besitzen (i. und mehrdimens.). Ist das noch »Erklären«?

III. Bergsons Gegenüberstellung von temps und durée muß übrigens ergänzt werden durch die analoge Unterscheidung von espace und étendue.

IV. Beispiel zur Statistik und Wissenschaft (Brunschvicg 370): Ich soll berechnen, wie viele Körner in 100000 Säcken Kaffee à 1000g sind. Schema: Die Berechnung (n 100000) ist ungenau; aber nur inbezug auf die Einzelkörner; sie ist genau inbezug auf 10, 100 usf. Körner (das ist berechenbar) 10, 100 usf. sind die neuen »statistischen« Dinge.

V. »[...] aus dem Prinzip der kleinsten Wirkung [wird] das Prinzip der größten Wahrscheinlichkeit [...]. Das Gesetz der Natur besagt: Der Zustand ist in der Welt verwirklicht, der statistisch der wahrscheinlichste ist.« [Arthur Stanley] Eddington, [Raum, Zeit und Schwere], Braunschweig 1923 (S. 181). [Kojève zitiert aus der frz. Ausgabe, Paris 1921, S. 219.]

VI. Eddington (Vgl. RTh in mathematischer Behandlung, Bln. 1925, S. 232 unten scheint zu leugnen, daß es einen Sinn hat, von einer Verschiedenheit sonst identischer Dinge (im Raume) zu reden.

VII. Deutung der Weyl'scher Wirkungsprinzipien. Später (RTh in mathematischer Behandlung, S. 85) wird die nicht-riemannsche Geometrie als mathematische Fiktion aufgefasst.

VIII. Physik sucht das »Objektive« = was auch ohne »Subjekt« existieren kann (welches durch gewisse Teile des Subjektiven symbolisch dargestellt wird)

Alles Erkannte ist subjektbezogen = (in der Physik) jede Messung ist bezogen auf ein K-System.

Dem »Objekt« entspricht, was alle Subjekte gleich auffassen – (in der Physik) objektiv sind Invarianten (RTh). Relatives Prinzip). So im Makroskopischen.

Im Mikroskopischen:

Jede Erkenntnis verändert das zu Erkennende – jede Messung ändert das zu Messende. Indem man eine Koordinate genau bestimmt, wird die konjugierte Koordinate unbestimmt (Heisenberg). »Objektiv« ist, was auch hier »invariant« ist, und zwar hier das »statistische« Mittel. So wird die »objektive« »Welt« der Physik zur »statistischen« »Welt« der Quantentheorie. (Principle of Indeterminacy – Heisenberg).

»An sich (= für Gott) mag die Welt »genau« sein; aber das »an sich« (= objektiv = wirklich) der Physik ist das zuerst aufs Subjekt bezogene und dann vom Subjekt abgeschnittene (wirklich = messbar) und dies ist »statistisch«.